《中共中央关于全面深化改革若干重大问题的决定》学习读本

全面深化改革十二讲

石国亮◎主编

中国言实出版社

图书在版编目（CIP）数据

全面深化改革十二讲 / 石国亮编著． — 北京：中
国言实出版社，2013．11
ISBN．978-7-5171-0257-1

Ⅰ．①全… Ⅱ．①石… Ⅲ．①体制改革–研究–中国
Ⅳ．①D61

中国版本图书馆CIP数据核字（2013）第 275739 号

责任编辑：河流　李婧

出版发行　中国言实出版社
　　地　　址：北京市朝阳区北苑路180号加利大厦5号楼105室
　　邮　　编：100101
　　电　　话：64966717（发行部）　　51147960（邮　购）
　　　　　　　64924853（总编室）　　64890042（编辑部）
　　网　　址：www.zgyscbs.cn
　　E-mail：zgyscbs@263.net
经　　销　新华书店
印　　刷　北京爱丽精特彩印有限公司
版　　次　2013年11月第1版　2013年11月第1次印刷
规　　格　710毫米×1000毫米　1/16　12印张
字　　数　190千字
定　　价　28.00元　ISBN 978-7-5171-0257-1

目 录 <<<
Contents

第一讲
全面深化改革的深刻背景和重大意义

全面深化改革具有深刻的时代背景和重大的现实意义。党的十八届三中全会公报指出："改革开放是党在新的时代条件下带领全国各族人民进行的新的伟大革命，是当代中国最鲜明的特色，是决定当代中国命运的关键抉择，是党和人民事业大踏步赶上时代的重要法宝。面对新形势新任务，全面建成小康社会，进而建成富强民主文明和谐的社会主义现代化国家、实现中华民族伟大复兴的中国梦，必须在新的历史起点上全面深化改革。"改革使人们尝到了"甜头"，全面深化改革将释放更多"红利"，能够使发展成果更多公平惠及人民。

一、全面深化改革关系党和国家工作全局

全面深化改革是党的十八大提出的一项战略部署，也是我们实现"两个一百年"奋斗目标必须解决好的重大问题。习近平总书记在《关于〈中共中央关于全面深化改革若干重大问题的决定〉的说明》中指出，党的十八大统一提出了全面建成小康社会和全面深化改革开放的目标，强调必须以更大的政治勇气和智慧，不失时机深化重要领域改革，坚决破除一切妨碍科学发展的思想观念和体制机制弊端，构建系统完备、科学规范、运行有效的制度体系，使各方面制度更加成熟更加定型。要完成党的十八大提出的各项战略目标和工作部署，必须抓紧推进全面改革。站在历史经验和现实需要的高度，党的十八大以来，中央反复强调，改革开放是决定当代中国命运的关键一招，也是决定实现"两个一百年"奋斗目标、实现中华民族伟大复兴的关键一招。实践发展永无止境，解放思想永无止

境，改革开放也永无止境，停顿和倒退没有出路，改革开放只有进行时、没有完成时。面对新形势新任务，我们必须通过全面深化改革，着力解决我国发展面临的一系列突出矛盾和问题，不断推进中国特色社会主义制度自我完善和发展。

今日中国，改革的话题总能引起热议。35年的改革开放，中国人民的面貌、社会主义中国的面貌、中国共产党的面貌能发生如此深刻的变化，我国能在国际社会赢得举足轻重的地位，靠的就是坚持不懈地推进改革开放。这也是"改革"二字总能点燃激情、催人奋进的重要原因。与35年前刚刚起步时相比，今天人们对改革的复杂性和艰巨性有了更加深刻的认识。大到市场、政府与社会的关系，小到异地高考、医保接续的方案，诉求不同、角度不同，所期待的改革路径也难免不同。面对进一步深化改革的新形势，习近平总书记在湖北召开部分省市负责人座谈会时，又从六个方面提出了全面深化改革需要深入调查研究的重大问题：进一步形成全国统一的市场体系，形成公平竞争的发展环境，要把更好发挥市场在资源配置中的基础性作用作为下一步深化改革的重要取向；进一步增强经济发展活力，完善财税体系，发展更高水平的开放型经济体系；进一步提高宏观调控水平；进一步增强社会发展活力；进一步实现社会公平正义；进一步提高党的领导水平和执政能力。这六个方面，被外界看作新一届中国领导人下决心治愈顽疾的信号，更被舆论解读为下一步全面深化改革的一次"定调"。

2013年8月27日，中共中央政治局会议再次强调，全面深化改革关系党和国家工作全局。必须坚定深化改革的信心，坚持深化改革的正确方向，凝聚深化改革的共识，注重深化改革的统筹谋划，协同推进各项改革。必须充分认识改革面临的矛盾和困难，增强与时俱进、攻坚克难的勇气，敢于啃硬骨头，敢于涉险滩，既勇于冲破思想观念的障碍，又勇于突破利益固化的藩篱。

以新一届中央领导集体执政为起点，在改革开放走过35年的今天，一个强烈的信号愈来愈清晰地呈现在人们面前：我国新一轮更加全面深化的改革正在提速。从习近平总书记武汉座谈会进行全面深化改革的重要讲话，到党和国家推出密集的经济体制改革的重大举措；从执政新风劲吹，到现实中不经意间一些顽风陋习得到很大改变；从国务院大力度推进机构改革，到重塑政府与市场边界的改革方向选择，都足以证明我国新一轮全面深化改革的大幕已经拉开。但与此同时，我们已经进入到改革的攻坚期和"深水区"。面对深水区，我们不能有丝毫退缩。正如李克强总理所说："改革进入了'深水区'，触动利益现在比触动灵魂还难，但是再深的水我们也要蹚。"这轮改革是更全面更深层次上的改革，触及更深层次矛盾和重大利益调整。改革不可能再回去了，也不可能停留原地不动。不改革，只有死路一条。唯有全面深化改革，我们才能最终解决腐败问题，保持共产党的纯洁性和先进性；唯有全面深化改革，经济体制才能充满生机活力，从而实现经济发展方式转变和经济结构转型升级；唯有全面深化改革，社会发展进程中的一些重大突出问题才能最终解决，公平正义才能真正实现；唯有全面深化改革，我国才能富强，人民才能幸福，民族才能复兴。

李克强总理说："改革贵在行动，喊破嗓子不如甩开膀子。""甩开膀子"的实际举措已经有目共睹："营改增"扩容提速，盘活财政存量资金，推进利率市场化改革，分批次取消和下放行政审批项目，进行户籍改革以推进以人为本的城镇化，等等。2013年7月国家统计局陆续发布上半年的经济数据，增速放缓不容乐观。要统筹考虑稳增长、调结构、促改革，三者相互促进。不能因经济指标的一时变化而改变政策动向，影响来之不易的结构调整机遇和成效。中央高层坚持改革的决心可见一斑。

35年前的改革开放，是党在新的时代条件下带领全国各族人民进行的新的伟大革命。35年后，在新的历史起点上全面深化改革，同样是决定当代中国命运的关键抉择。35年前的改革开放，让我国走上了繁荣富强、人民幸福的发展之路。新一轮全面深化的改革，必将使我们最终实现全面建成小康社会，进而建成富强民主文明和谐的社会主义现代化国家、实现中华民族伟大复兴的中国梦的奋斗目标。全面深化改革，需要我们再次形成改革共识，再次汇集改革力量，再次展现改革勇气，再次凝聚改革智慧，再次抓住改革机遇，乘坐改革巨轮，破浪前行，努力开拓中国特色社会主义事业更加广阔的前景。

二、全面深化改革是解决我国发展面临的一系列突出矛盾和挑战，实现经济社会持续健康发展的迫切要求

当国外媒体热烈讨论我国"富裕症"的时候，许多国人却通过联合国世界粮

食计划署和中国扶贫基金会发起"感受6块3"活动，体验上亿贫困人口的生活状况，以增进对贫困的感受。我国目前不只是存在贫与富的反差，类似的复杂"剧情"每天都在上演，不断投射出变幻的时代剪影。

"中国已经走出改革初期的浅滩阶段，正站在大河中央，选择彼岸的到岸位置。"诺贝尔经济学奖得主斯蒂格利茨如此描述当今中国。中流击水，有了更开阔的行进空间，也面临着更难测的风浪暗礁。"发展起来以后的问题，不比不发展时少"（邓小平语），站在新的历史地平线上，身处亚洲东部这片热土上的我们，无论是与100多年前的先辈还是30多年前的父辈相比，都真真切切地看到了民族复兴的前景，也遭遇了各种发展难题——从世界第二大经济体的"转型之难"到收入普遍增长之下的"分配公平"，从社会流动凸显的城乡二元结构到物质潮流冲击下的道德困境……当人们为"中国式速度"而惊叹的时候，也越来越关注"中国式难题"如何破解。

今天的改革所面对的，既有"摸着石头过河"时的老问题，也有"发展起来以后"的新问题。与以往相比，还面临着更为严苛的审视，承载着更加厚重的期盼。正如习近平总书记在《关于〈中共中央关于全面深化改革若干重大问题的决定〉的说明》中所指出的，当前，国内外环境都在发生极为广泛而深刻的变化，我国发展面临一系列突出矛盾和挑战，前进道路上还有不少困难和问题。比如：发展中不平衡、不协调、不可持续问题依然突出，科技创新能力不强，产业结构不合理，发展方式依然粗放，城乡区域发展差距和居民收入分配差距依然较大，社会矛盾明显增多，教育、就业、社会保障、医疗、住房、生态环境、食品药品安全、安全生产、社会治安、执法司法等关系群众切身利益的问题较多，部分群众生活困难，形式主义、官僚主义、享乐主义和奢靡之风问题突出，一些领域消极腐败现象易发多发，反腐败斗争形势依然严峻，等等。当那些比较容易的问题解决以后，剩下的"硬骨头"就显得更加醒目，甚至看起来更加"难以忍受"；当先行先试的"改革红利"耗尽时，如果没有全面改革的积极稳妥跟进，任何单项改革都将独木难支。与此同时，经济社会双重转型的压力，思想观念多元多样的碰撞，利益格局板结固化的隐忧……都让深化改革的脚步面临新的"躲不开也绕不过"的重重羁绊，更需要时不我待的紧迫感、继往开来的使命感。这正是党中央强调"改革在路上"、号召"改革再出发"的深刻背景。

面对协调各方面利益和达成改革共识、形成改革合力日益加大的难度，面对改革越来越多触及现有利益格局、涉及深层次利益调整的阻力增大，面对社会各方面分享改革成果的强烈愿望，面对经济、政治、文化、社会、生态文明各方面改革的艰巨任务，我们需要从坚持和发展中国特色社会主义的政治高度，以更大的勇气，更大的智慧，更加自觉、更加坚定地全面深化改革。

改革，我们会付出一些代价；但是不改革，我们付出的代价会更大。改革越早，成本越小。面对人民的期待，社会的企盼，民族的向往，没有任何理由也没有任何力量可以阻挠更加波澜壮阔的全面深化的改革。我们的党和国家将进入全面深化改革的历史新时期，这是难得的契机。经过35年的快速增长，经济的发展步入不改不行的窗口期，我国的改革迈入不进则退的关键期。解决当前所面临的突出矛盾和挑战，比任何时候都需要通过改革释放制度新红利、寻找发展新动力。草根百姓期盼的社会温暖感、国民归属感，要靠改革；中产阶层渴望的职业安全感、未来稳定感，要靠改革；党内同志追求的"将生死存亡的忧患转化为长治久安的愿景"（见2013年1月4日《人民日报》：《改革，回应人民的强烈期待》），要靠改革。方此之时，党心民意空前团结，改革呼声惊涛拍岸。

改革开放特别是党的十六大以来，我们坚持以改革为动力，用改革的办法破解发展难题，推动党和国家各项事业取得一系列新的伟大成就。国有企业改革不断深化，多种所有制经济共同发展；以税费改革、集体林权制度改革为重点的农村综合改革加快推进；大型金融机构股份制改革、股权分置改革取得突破性进展；利率市场化、汇率形成机制改革不断深化，多层次资本市场加快发展，现代金融体系逐步健全；社会保障体系逐步完善，覆盖城乡的基本养老保险、基本医疗保险改革迈出重大步伐；收入分配体制改革加快推进，各种民生难题不断破解……这些改革进一步完善了我国基本经济制度，增强了经济社会发展的动力。

无论历史，还是现实，我国从未停止过改革的步伐。近10年来，一项项重大改革措施不断推出，覆盖我国社会发展的各个领域。经济体制改革大力推进，新的经济发展动力不断焕发；政治体制改革积极稳妥，民主法治建设取得重要进展，人民当家作主权利得到更好保障；文化体制改革步伐加快，文化事业生机盎然，文化产业空前繁荣；社会体制改革不断加强，教育、医疗、社保等方面改革全面推进。这一切，既推动了我国社会的发展进步，也惠及亿万人民群众。

如果没有持之以恒的攻坚克难，就没有医疗保险全覆盖、义务教育学杂费全免除，就不会有亿万群众"民生黄金时代"的深切感受；如果没有大刀阔斧的昂然奋进，就没有经济增长年均10%、经济总量世界第二、城镇化率超过50%，就不会有"中国号"巨轮举世瞩目的进步。

世界上的事物是变化多端的，社会是越发展越复杂，改革也不例外。时至今日，我国社会的发展已经步入一个新的阶段。许多过去被高增长掩盖的矛盾和问题逐渐显现，如何解决我们发展中不平衡、不协调、不可持续问题，如何让改革成果由更多人共享、更多人受益，如何破除阻碍科学发展的体制机制障碍，"检验着我们党的执政能力"（2013年6月18日，习近平总书记在党的群众路线教育实践活动工作会议上的讲话）。

"历史的道路不是涅瓦大街上的人行道，它完全是在田野中前进的，有时穿过尘埃，有时穿过泥泞，有时横渡沼泽，有时行经丛林。"在俄罗斯访问时，习近平总书记曾引用过车尔尼雪夫斯基的这句名言。的确，历史的道路，不全是平坦的，有时走到艰难险阻的境界，这是全靠雄健的精神才能够冲过去的。回顾改革开放35年的历程，无论是在"开除球籍"的深重忧患下毅然打开国门，还是鼓起闯的精神、冒的精神"杀出一条血路"，抑或是在非典疫情、汶川地震、金融危机等惊涛骇浪中推动中国这艘巨轮奋然前行，不惧风险、攻坚克难，成为社会主义中国发展进步的独特路径，化为中国共产党人执政的精神基因。

"既勇于冲破思想观念的障碍，又勇于突破利益固化的藩篱"。秉持习近平总书记庄严宣示的改革理念，新一届中央领导集体上任以来，以壮士断腕的魄力和决心，深入推进了一系列触动利益的改革：转变政府职能，先后取消下放334项行政审批等事项，简政放权的改革减少了政府部门"寻租"机会，推动完成了一批"多年想干而未能干成"的大事；涵盖京津冀、长三角、珠三角地区等13个重点区域，史上最严厉的大气治理行动计划出台；放宽行业对各类所有制企业的准入，推进政府购买服务方式的发展；从健全干部选拔任用和考核评价体系入手，推进经济转型升级和美丽中国建设；土地流转试点让农民分享改革红利，营改增将为企业减负上千亿元，23个省份出台大病保险实施方案……坚定深化改革的信心、坚持深化改革的正确方向、凝聚深化改革的共识，我国的改革又走到一个迎难而上的关口。"用壮士断腕的决心继续推进改革"，在2013年夏季达沃斯论坛上，李克强总理再次畅言改革。这样的改革之声，进一步昭示我国改革的决心。

穿越"历史三峡"之时，几乎所有的改革，都需要这样的决心与方法。解决农民工问题，要破解二元化的土地和户籍制度；坚守社会公平正义的底线，要把更多蛋糕切给民生领域；向社会放权，培育和壮大社会组织、市场力量；建立完善的知识产权制度和创新激励制度，丢弃那些"山寨红利"……只有壮士断腕般地全面深化改革，才能解决我国发展面临的一系列突出矛盾和挑战、实现经济社会持续健康发展。

三、改革开放是党和人民事业大踏步赶上时代的重要法宝，是决定当代中国命运的关键一招，也是决定实现"两个一百年"奋斗目标、实现中华民族伟大复兴的关键一招

2012年12月7日至11日，习近平总书记在广东考察工作时强调，"改革开放是决定当代中国命运的关键一招，也是决定实现'两个一百年'奋斗目标、实现中华民族伟大复兴的关键一招"。"关键一招"的提法，令人深思，催人奋进。

没有改革开放，就没有当代中国的发展进步。党的十一届三中全会以来，正是因为我们党深刻总结历史经验教训，打出了改革开放这关键一招，才孕育和催生了新时期从理论到实践的一系列创新创造，走出了一条坚持和发展中国特色社会主义的必由之路，才使我国人民看到了实现中华民族伟大复兴的曙光。

我国创造出持续35年高速发展的奇迹，如果说有什么成功的"秘诀"的话，这个"秘诀"不是别的，正是改革开放。可以说，一部新时期、新阶段的经济社会发展史，就是一部改革开放史。《中共中央关于全面深化改革若干重大问题的决定》指出："事实证明，改革开放是决定当代中国命运的关键抉择，是党和人民事业大踏步赶上时代的重要法宝。"同样可以断言，在全面建成小康社会新的征程上，推进改革开放也必然是主旋律和最强音。李克强总理曾在全国综合配套

改革试点工作座谈会上指出，在新的起点上要全面建成小康社会，加快转变经济发展方式，让群众过上更好生活，依然要靠改革开放，这是我国发展的最大"红利"。如果说改革开放是发展的最大"红利"，那么就必须坚定不移、不失时机地深化改革开放，向改革开放要"红利"。

35年的成功实践表明，改革开放始终是推动党和人民事业发展的强大动力。改革开放是党和国家选择的光明之路、宽广之路、幸福之路。没有改革开放，必走老路，必然倒退，甚至封闭、禁锢，搞垮自己；没有改革开放，还是"端铁饭碗"、"吃大锅饭"，还是干好干坏一个样、干多干少一个样、干与不干一个样，大家注定都受穷；没有改革开放，我们的国家和民族就没有远见、没有魄力、没有作为，更没有出路。因此，我们完全有充分的理由和资格举起双手鼎力赞成改革的深入，完全有充实的根据和经验迈开双腿沿着改革方向继续走下去，完全有充足的底气和干劲张开双臂创造改革美好的明天。而万众一心放飞中国梦，更需要全党全国各族人民紧跟党中央的步伐，继续坚定不移地搞好改革开放。

但时至今日，改革开放在取得举世瞩目成就的同时，也开始步入"深水区"。发展不平衡、不协调、不可持续问题依然比较突出，深化改革开放和转变经济发展方式的任务依然比较艰巨，城乡区域发展差距和居民收入分配差距依然较大，关系群众切身利益的问题依然较多，部分群众生活依然比较困难。如何解决好这些问题，关键一招还是在于继续坚持并不断深化改革开放，这既是时代潮流和发展要求，也是人民的强烈心声和热切期待。除了继续用好这关键一招，我们别无选择，任何停顿和倒退都没有出路。

党的十一届三中全会作出了改革开放伟大决策，35年后的今天，改革开放依旧铿锵前行，不曾动摇，不曾停滞。在党的领导下，全国人民伴随着改革开放大潮的涌起不断解放思想，不断改进、转换经济发展模式，不断改善民生状况和条件，人们的生产、生活发生了翻天覆地的变化。农村改革先行一步，解决了农田承包难题，随后"三农"问题有了根本性破解。促进农业发展，推动农村变化，处处让农民得到实惠，已经成为党和国家高度重视和抓住不放的国计民生的强大基础。在城镇、城市，在各行各业，在所有的领域，改革不是一种挂在嘴上的空对空口号，而是一种求实、务实、落实的实实在在行动。尽管牵扯一些人的既得利益，但为了实现以人为本、以人的全面发展为中心，促进经济社会全面、协调、可持续地发展等宏大目标，我们一直没有放弃改革。

我们看到，实现党的十八大描绘的全面建成小康社会、加快推进社会主义现代化的宏伟蓝图，坚持和发展中国特色社会主义、不断推进中国特色社会主义制度自我完善和发展，解决我国发展面临的一系列突出矛盾和挑战、实现经济社会持续健康发展，都要求全面深化改革。正如2013年8月27日中共中央政治局会议所强调的那样，改革开放是决定当代中国命运的关键一招，也是决定实现"两个一百年"奋斗目标、实现中华民族伟大复兴的关键一招。实践发展永无止境，解放思想永无止境，改革开放也永无止境，停顿和倒退没有出路，改革开放只有进行时、没有完成时。这是党在铸就中国梦新的伟大征程中指明的航向，也是党在历史行进中把握的航向。搞全面深化改革，这是全党和全国各族人民的心愿、信念和决心。

用好这关键一招，需要注重改革的系统性、整体性、协同性，做到改革不停顿、开放不止步，敢于啃硬骨头，敢于涉险滩，既勇于冲破思想观念的障碍，又勇于突破利益固化的藩篱。用好这关键一招，将让人民群众分享到更多的改革"红利"，极大地凝聚人心民心、社会共识和改革动力。

党的十八届三中全会公报进一步提出了改革开放"是党和人民事业大踏步赶上时代的重要法宝"的新论断。把"改革开放"提升到"党和人民事业大踏步赶上时代的重要法宝"的高度，这在党的历史上还是第一次。这不仅是对党的十一届三中全会召开35年来改革开放的成功实践和伟大成就的高度评价，更是对党的十一届三中全会召开35年来改革开放的成功实践和伟大成就的深刻总结。

四、实践发展永无止境，解放思想永无止境，改革开放也永无止境，停顿和倒退没有出路，改革开放只有进行时、没有完成时

美国《时代》周刊在1979年第一期的卷首这样写道："一个崭新中国的梦想者——邓小平向世界打开了'中央之国'的大门。这是人类历史上气势恢宏、绝无仅有的一个壮举！"这个"壮举"，指的就是改革开放。这"壮举"的动力来源于对社会主义的重新思考，来源于敢于解放思想的强大勇气，它是中国共产党

人在新的时代条件下的伟大觉醒。

2012年12月7日，习近平总书记第一次离京考察，选择在我国改革开放中得风气之先的广东，寓意深刻，意味深长。"改革开放只有进行时，没有完成时"，"改革不停顿，开放不止步"——考察过程中习近平总书记铿锵有力的宣示，传递出新一届中央领导集体承前启后坚定不移推进改革开放的决心和信心。习近平总书记考察的第一站深圳，是我国35年改革开放的缩影。一个小渔村发展成为国际大都市，浸透着改革先行者"大胆地试，大胆地闯"、"杀出一条血路来"的政治勇气，更见证着改革开放从理论到实践的伟大创造。今天，深圳前海、上海浦东、天津滨海、珠海横琴、新疆霍尔果斯和喀什等地，继续发扬敢闯敢试、敢为天下先的精神，艰辛探索，开拓创新，成为新时期改革的试验田、开放的探路者，为全国深化改革提供新思路、创造新经验。

历史是过去的现实，现实是未来的历史。回顾近代以来我国奋斗的基本经验，瞻望改革开放30多年来路去向，可以用9个字概括："穷则变，变则通，通则久。"这是我国先哲对事物发展变化规律的深刻总结，也是当代我国发展进步的现实写照。"改革开放只有进行时没有完成时"正是对这一规律的有力阐述。今天，凝聚"改革共识"，纾解"改革焦虑"，无论乐观还是忧虑、自足还是不满，各种复杂情绪的背后，都未偏离对改革的关注。而透过不同关注，也可以大致看到，人们对于未来改革的期待是什么，推进改革的"最大公约数"在哪里。改革开放创造出今日世界瞩目的"中国奇迹"，而明日中国的前途命运，则取决于当代中国人坚持深化改革开放的决心与意志。

正因如此，习近平总书记在十八届中共中央政治局第二次集体学习时强调，改革开放是一项长期的、艰巨的、繁重的事业，必须一代又一代人接力干下去。更加深刻地认识改革开放的历史必然性，以更大的政治勇气和智慧深化改革，朝着十八大指引的改革开放方向前进，我们就能牢牢掌握自己的命运，牢牢把握国家的未来。

"改革开放是当代中国的鲜明标志和活力源泉，是发展中国特色社会主义的必由之路。没有改革开放，就没有中国的今天，也不会有中国更加美好的未来。我多次强调，改革开放只有进行时，没有完成时；改革开放中的矛盾只能用改革开放的办法来解决。在新的历史条件下，我们要开创发展新局面，就必须实现改革新突破。我们将加强改革的顶层设计和总体规划，协调推进经济、政治、文化、社会、生态等各方面体制改革，敢于啃硬骨头，敢于涉险滩，坚决破除一切妨碍科学发展的体制机制弊端，激发全社会创造活力，推动国家各项事业发展。"这是2013年3月19日国家主席习近平在北京人民大会堂接受金砖国家媒体联合采访时所说的一段话，集中反映了新一届中央领导集体关于改革开放的大思路，回答了在新的历史条件下"为什么要坚持改革开放，如何坚持改革开放"的重大问题。

回顾历史，改革开放突破了过时僵化的思维和体制束缚，推动了社会主义制度的自我完善，逐步形成了中国特色社会主义道路、理论体系和制度。思想解放激发创造热情，制度变革释放生产活力。这场全方位的变革，深刻改变了国家、民族以及每个人的前途命运，终于使我们充满自信地大踏步赶上世界现代化潮流，曾经遥不可及的民族复兴中国梦变得日渐切近。

世界变化日新月异、民众诉求水涨船高，改革的时间和空间约束将进一步增强，推进改革的挑战日益增多、难度日益加大。改革越往前走，人们对它的期待越高，遇到的困难也越多，需要支付的成本也越大。过去普调一级工资、粮价上涨几分钱，老百姓就欢天喜地；现在搞医保社保，成百上千亿地投入，却仍有人抱怨是"太平洋里磕鸡蛋——这哪算做蛋汤"。过去建一个工厂带动就业、增加税收，大家无条件欢迎；现在则要面对种种质疑：会不会挤占耕地，会不会破坏环境？更为复杂的挑战在于，随着改革走向深入，那种皆大欢喜的普惠式改革，空间越来越小。社会多元带来的利益分化，时常令改革者面对"不是这部分人不如意，就是那部分人有意见"的两难。当分歧的根本不在于"是非"而在于"取舍"，当矛盾的化解很难再靠觉悟、靠动员，改革就从"理当如此"的抉择，变为一种你来我往的博弈。面对风云变幻的国内外风险挑战，继续深化改革开放，既是在考验决策时迎难而上的勇气，也是在检验执行中攻坚克难的智慧。

35年改革开放的伟大成就，无不源自迎难而上、攻坚克难所形成的改革"红利"，这往往又构成进一步深化改革的机遇。就此而言，强调改革"只有进行时"，就是要以只争朝夕的精神，破解当下现实难题，为中国将来发展蓄势；强调改革"没有完成时"，就是要看到改革的长期性、艰巨性、复杂性，既不盲目追求"毕其功于一役"，又能够"小步走、快步走、不停步"，最后积小胜为大胜，积跬步至千里。

《中共中央关于全面深化改革若干重大问题的决定》在阐述全面深化改革的深刻背景和重大意义时特别强调："实践发展永无止境，解放思想永无止境，改革开放永无止境。面对新形势新任务，全面建成小康社会，进而建成富强民主文明和谐的社会主义现代化国家、实现中华民族伟大复兴的中国梦，必须在新的历史起点上全面深化改革，不断增强中国特色社会主义道路自信、理论自信、制度自信。"我国走到今天，无论围绕改革的具体路径还有多少争议，坚持改革、深化开放，这都已经成为举国上下的共识。改革开放如逆水行舟，不进则退。改革没有退路，不改革只能是死路一条。倘若拖延迟滞改革，老问题尚未解决，新问题再成阻碍，将来会累积更多矛盾和困难，甚至形成所谓的"急症室效应"，从而坐失难得机遇。时不我待、只争朝夕，迎难而上、攻坚克难，坚决破除一切妨碍科学发展的体制机制弊端，这是深化改革的硬任务，也是时代给出的必答题。我们别无选择，更没有退路。在这个意义上，今天的改革，要跟得上人民群众的殷切期待，要与转型期的风险赛跑，与解决问题的时间窗口赛跑。敢于啃硬骨头，敢于涉险滩，既勇于冲破思想观念的障碍，又勇于突破利益固化的藩篱，让人民享有更多改革成果，让国家获得更快发展进步，我们才能牢牢把握改革主导权，始终掌握发展主动权。

20世纪80年代末冷战结束后，日裔美国人福山曾充满自信地宣告"历史终结了"。现在看来，只有"历史终结论"终结了。发展永无止境，改革未有穷期。改革不停顿，开放不止步，以更大的政治勇气和智慧，不失时机深化重要领域改革，我们就能以新的奋斗、新的成就，无愧今天、不负明天。"一个党，一个国家，一个民族，如果一切从本本出发，思想僵化，迷信盛行，那它就不能前进，它的生机就停止了，就要亡党亡国。（邓小平语）"改革开放是一场只有进行时没有完成时的伟大变革，必须将其进行到底。

第二讲
全面深化改革的指导思想

《中共中央关于全面深化改革若干重大问题的决定》指出："全面深化改革，必须高举中国特色社会主义伟大旗帜，以马克思列宁主义、毛泽东思想、邓小平理论、'三个代表'重要思想、科学发展观为指导，坚定信心，凝聚共识，统筹谋划，协同推进，坚持社会主义市场经济改革方向，以促进社会公平正义、增进人民福祉为出发点和落脚点，进一步解放思想、解放和发展社会生产力、解放和增强社会活力，坚决破除各方面体制机制弊端，努力开拓中国特色社会主义事业更加广阔的前景。"这段重要论述，是对全面深化改革指导思想的鲜明表达。

一、高举中国特色社会主义伟大旗帜

习近平总书记在《关于〈中共中央关于全面深化改革若干重大问题的决定〉的说明》中指出，改革开放以来历次三中全会都研究讨论深化改革问题，都是在释放一个重要信号，就是我们党将坚定不移高举改革开放的旗帜，坚定不移坚持党的十一届三中全会以来的理论和路线方针政策。说到底，就是要回答在新的历史条件下举什么旗、走什么路的问题。党的十八届三中全会以全面深化改革为主要议题，是我们党坚持以邓小平理论、"三个代表"重要思想、科学发展观为指导，在新形势下坚定不移贯彻党的基本路线、基本纲领、基本经验、基本要求，坚定不移高举改革开放大旗的重要宣示和重要体现。

在全面深化改革的指导思想的表述中，第一句话就是"必须高举中国特色社会主义伟大旗帜，以马克思列宁主义、毛泽东思想、邓小平理论、'三个代表'重要思想、科学发展观为指导"。这是为什么？因为，旗帜问题至关重要。习近平总书记在《关于〈中共中央关于全面深化改革若干重大问题的决定〉的说明》中指出："1992年，邓小平同志在南方谈话中说：'不坚持社会主义，不改革开放，不发展经济，不改善人民生活，只能是死路一条。'回过头来看，我们对邓小平同志这番话就有更深的理解了。所以，我们讲，只有社会主义才能救中国，只有改革开放才能发展中国、发展社会主义、发展马克思主义。"学习贯彻党的十八届三中全会精神，要紧紧抓住旗帜这一根本问题，不断深化认识，不断加深理解，进一步增强高举中国特色社会主义伟大旗帜的自觉性、坚定性。

中国特色社会主义是历史的选择、人民的选择。举起中国特色社会主义旗帜，走上中国特色社会主义道路，绝不是偶然的，而是近代以来中国人民不懈探索、奋斗和比较的必然结果。鸦片战争以后，中国人民就一直为寻找救国图强道路而上下求索，但无论是旧式的农民起义、封建统治阶级自强，还是资产阶级改良派和资产阶级革命派的努力，都没能改变中国半殖民地半封建社会性质和中国人民的悲惨命运。直到马克思主义传入中国和中国共产党的成立，并带领人民经过浴血奋战，才实现了民族独立和人民解放，建立了新中国，开始了在社会主义道路上实现中华民族伟大复兴的历史征程。但是，由于对什么是社会主义、怎样建设社会主义缺乏深刻认识，导致一个时期我国在探索社会主义建设道路上的曲折过程。党的十一届三中全会后，我们党在深刻总结正反两方面历史经验和科学分析我国国情的基础上，提出走自己的道路、建设中国特色社会主义。从此，我们党高举中国特色社会主义伟大旗帜，开启了在中国特色社会主义道路上实现中华民族伟大复兴的崭新征程。只有社会主义才能救中国，只有中国特色社会主义才能发展中国，是历史的必然结论。

坚持和发展中国特色社会主义，是新时期我们党全部理论和实践的鲜明主题。新时期以来党的历次全国代表大会报告的主题都是紧紧围绕和体现中国特色社会主义的。中国特色社会主义的实践和发展成就，不仅得到中国人民高度认同，也日益引起国际社会广泛关注，关于中国奇迹、中国模式、中国经验的讨论成为热门话题。这些都充分证明，中国特色社会主义是深深扎根中国大地、符合中国国情、具有强大生命力的社会主义，是当代中国发展进步的旗帜，是全党全国各族人民团结奋斗的旗帜。

高举中国特色社会主义伟大旗帜，是全面建成小康社会、实现中华民族伟大复兴的根本保证。旗帜引领方向，旗帜凝聚力量。中国特色社会主义把社会主义与民族复兴的历史任务紧密联系在一起，把实现社会主义现代化与人民共同富裕紧密联系在一起，把国家的兴盛和个人的幸福紧密联系在一起，具有强大的吸引力、凝聚力、感召力，是引领、激励全国各族人民的强大精神力量，是当代中华儿女同心同德、共创伟业的共同理想和政治基础。

中国特色社会主义伟大旗帜，是当代中国发展进步的旗帜，是全党全国各族人民团结奋斗的旗帜。高举中国特色社会主义伟大旗帜，必须牢记社会主义初级阶段的基本国情，始终坚持"一个中心、两个基本点"的基本路线；必须深入贯彻落实科学发展观，把科学发展观贯彻落实到经济社会发展各个方面；必须按照实现全面建成小康社会奋斗目标的新要求，全面推进社会主义经济、政治、文化、社会和生态建设；必须以改革创新精神全面推进党的建设新的伟大工程，使党始终成为中国特色社会主义事业的坚强领导核心。

二、坚定信心，凝聚共识，统筹谋划，协同推进

改革需要"坚定信心，凝聚共识"，更需要"统筹谋划，协同推进"。翻阅我国改革开放的历史画卷可以发现，国家体改委是20世纪80年代至90年代统领改革全局的机构，成立于1980年，在中南海办公，1982年起主任由国务院总理兼任。主要职能是理论创新，设计总体方案，协调各方利益，组织试点。当年，各部委所有改革方案都要送到体改委征求意见，经体改委协调后才能上报。据统计，国家体改委主导了多项至关重要的改革：提出"商品经济"，推进国有企业股份制改革，金融制度、城镇职工养老保险制度、城镇住房制度、投融资制度、土地制度等方面的改革。1998年机构改革，国家体改委被降格成"体改办"，退出国务院组成部门序列。2003年3月并入国家发改委。

2013年全国"两会"，重建改革顶层设计机构再次成为热点议题之一。3月11日新闻发布会上，有记者询问中央机构编制委员会办公室副主任王峰有没有计

划重组"国家体改委"这样的机构，对此，王峰回复了三个"拿不准"：已建立较完善的社会主义市场经济体制，在这个基础上深化改革，需要各部门结合发展中的问题共同研究解决，要不要再搞一个实体机构，拿不准；当前面临的改革，范围更加广泛、任务更加繁重，搞一个机构能否把所有改革都统筹起来，干得了干不了，没把握；这几年各领域改革都在有序推进，有的已取得了明显成效，建立了各领域高层次的协调和推进机构，效果不错。把这一套弃之不用，重新再搞一个机构，拿不准。

《中共中央关于全面深化改革若干重大问题的决定》指出，中央成立全面深化改革领导小组，负责改革总体设计、统筹协调、整体推进、督促落实。各级党委要切实履行对改革的领导责任。习近平总书记在《关于〈中共中央关于全面深化改革若干重大问题的决定〉的说明》中指出：这是为了更好发挥党总揽全局、协调各方的领导核心作用，保证改革顺利推进和各项改革任务落实。领导小组的主要职责是：统一部署全国性重大改革，统筹推进各领域改革，协调各方力量形成推进改革合力，加强督促检查，推动全面落实改革目标任务。

改革实践中，不少地方、企业、社会在多方面有积极的改革探索，但相当多基层探索很难上升为国家层面的战略，重要原因在于缺乏一个改革协调机制。党的十八届三中全会提出"加强顶层设计和摸着石头过河相结合"，而全面深化改革领导小组，上接"天线"，下连"地气"，是破解这一困境的利器。

新阶段改革最大的特点是，利益因素全面彰显，利益掣肘矛盾也日益突出。某些地方利益、行业利益、特殊利益等，成为改革突破的强大阻力。无论多好的蓝图，无论多宏伟的目标，如果不能建立改革有效的协调机制，不能让改革措施落地生根，在现实中必将走形变样。教育改革、医疗改革、垄断行业改革莫不如此。改革步入深水区，利益越发多元化，社会矛盾凸显。国家发改委主要推动的是经济体制改革，难以协调社会体制等问题。建立高层次改革协调机制，是打破利益掣肘不可或缺的途径。这轮改革范围之广、力度之大是空前的。2013年11月12日，中共中央党校报刊社社长兼总编辑谢春涛在接受人民网采访时表示，以前统筹各方面的改革主要由国家发改委来承担。作为国务院的一个职能机构，国家发改委在制定发展战略，进行宏观管理上发挥了重大作用。但是由于改革的复杂性和紧迫性，以及加强各项改革统筹协调的必要性，国家发改委在一些方面尤其是政策的制定上受到局限。

据党的十八届三中全会文件起草小组成员张卓元介绍，中央设立"全面深化改革领导小组"出于以下考虑：即便改革有顶层设计，但如果没有高层强力推动，恐怕政策依旧很难落实，毕竟很多改革涉及政府自身改革。"这一次中央下了决心，都要一一落实，监督检查"，张卓元称。张卓元认为，1993年十四届三中全会决定实行分税制，时任中央政治局常委、国务院副总理朱镕基专门找18个省份负责人一个个谈，后来政策落实效果不错。2003年十六届三中全会的政策落实，文件发了但地方各干各的，中央也没有专人督促检查。这次设立全面深化改革领导小组吸取了上次的经验教训。张卓元说，此前中国经济体制改革主要由国家发改委负责，但其实发改委也是改革对象，改革自己肯定会触及利益尤其是审批权，发改委并不适合成为全面深化改革的牵头者。相对而言，全面深化改革领导小组的成立更具权威性，能够保证改革的设计、协调、推进和监督每一个环节的落实，有助于确保改革的系统性、整体性、协同性。

成立中央全面深化改革领导小组，表明中国改革更加注重顶层设计和摸着石头过河相结合，更加注重理顺改革进程中的利益关系。领导小组成立后，可以改变原来经济体制改革"单兵突进"的局面，政治改革、社会改革、文化改革等各方面改革将统筹考虑，全面推进。

三、坚持社会主义市场经济改革方向

关广梅，很多人记住这个名字是因为《经济日报》1987年推出的"关广梅现象"系列报道。1985年，关广梅租赁了本溪市消防副食品商店，到1987年她已连得5标，个人租赁了8家副食品商店。当她年终岁尾领取个人收入后，"关广梅发财了"成了街谈巷议的热门话题。租赁企业究竟姓"公"还是姓"私"？姓"社"还是姓"资"？这些在今天看来不是问题的问题，当年却牵动着千千万万人的敏感神经。与经济体制问题上的"社"、"资"之争一样，所有制问题上的"公"、"私"之争成为推进改革绕不过去的难题。

在改革面临着重大抉择的历史关头，邓小平于1992年春发表了著名的南方谈话，"社会主义也可以搞市场经济"、"判断的标准，应该主要看是否有利于发展社会主义社会的生产力，是否有利于增强社会主义国家的综合国力，是否有利于提高人民的生活水平。"这些论断，从根本上解除了把计划经济和市场经济看作是属于社会基本制度范畴的禁锢。思想的禁锢一经突破，其能量势不可挡。同年召开的党的十四大明确了我国经济体制改革的目标是建立社会主义市场经济体制，党的十五大提出公有制实现形式可以多样化，非公有制经济从过去的"有益补充"变成社会主义市场经济的"重要组成部分"。

在社会主义条件下发展市场经济，是前无古人的伟大创举。从高度集中的计划经济成功转向充满活力的社会主义市场经济，是改革开放35年来取得的最重要成就。站在新的历史起点上，继续推进改革开放，必须毫不动摇地坚持社会主义市场经济的改革方向。党的十八届三中全会公报指出："坚持社会主义市场经济改革方向"，"公有制为主体、多种所有制经济共同发展的基本经济制度，是中国特色社会主义制度的重要支柱，也是社会主义市场经济体制的根基。公有制经济和非公有制经济都是社会主义市场经济的重要组成部分，都是我国经济社会发展的重要基础。"

判断改革成功不成功，方向正确不正确，要靠实践来回答。我们看到，改革开放35年，变化巨大，成就巨大。市场体系培育了，政府职能转变了，管理体制改革了，粮食及农副产品在不知不觉中告别了短缺，钢铁产量稳居世界第一，纺织品生产出口也成为世界第一。国有经济的比重降低了，但公有制经济的实力和控制力却不断增强，这就是社会主义市场经济的力量。在社会主义市场经济条件下，社会经济成分、组织形式、就业方式、分配方式日益多样化，人们的工作、生活和利益实现方式，有了更多的选择。社会活跃了，亿万农民走出了乡村；市场丰富了，各种经济成分百舸争流；体制灵活了，人民群众创造活力迸发涌动。在国家的宏观调控下，发挥市场对资源配置的基础性作用，通过价格杠杆和竞争机制，引导人们的利益实现，从而调节社会生产，激发了广大企业的活力，调动了人民群众的积极性和创造性，极大地解放了生产力，为中国的发展带来了蓬勃生机。

但是，市场不是万能的，市场经济也有其弱点。实践使我们更加深刻地认识到，社会主义市场经济，"社会主义"这四个字不是可有可无，而是画龙点睛。所谓"点睛"就是点明我们市场经济的性质。我们的创造性和特色也就体现在这里。我国的市场经济体制，同社会主义基本经济制度紧紧相连，离不开社会主义的方向，离不开国家的宏观调控。正是把社会主义制度的优越性与市场经济的活力相结合，我国经济才经受住了多次风浪的严峻考验，保持多年快速平稳发展。

随着改革的深化，一些深层次矛盾开始显现。社会主义市场经济体制初步建立，但影响发展的体制机制依然存在。要解决发展中出现的问题，必须认真落实党的十八届三中全会的各项重大部署："必须毫不动摇巩固和发展公有制经济，坚持公有制主体地位，发挥国有经济主导作用，不断增强国有经济活力、控制力、影响力。必须毫不动摇鼓励、支持、引导非公有制经济发展，激发非公有制经济活力和创造力。要完善产权保护制度，积极发展混合所有制经济，推动国有企业完善现代企业制度，支持非公有制经济健康发展。""建设统一开放、竞争有序的市场体系，是使市场在资源配置中起决定性作用的基础。必须加快形成企业自主经营、公平竞争，消费者自由选择、自主消费，商品和要素自由流动、平等交换的现代市场体系，着力清除市场壁垒，提高资源配置效率和公平性。要建立公平开放透明的市场规则，完善主要由市场决定价格的机制，建立城乡统一的建设用地市场，完善金融市场体系，深化科技体制改革。""科学的宏观调控，有效的政府治理，是发挥社会主义市场经济体制优势的内在要求。必须切实转变政府职能，深化行政体制改革，创新行政管理方式，增强政府公信力和执行力，建设法治政府和服务型政府。要健全宏观调控体系，全面正确履行政府职能，优化政府组织结构，提高科学管理水平。"

建立社会主义市场经济体制，是一场深刻的社会变革。展望未来，在完善基本经济制度，健全市场体系，深化财税、金融体制改革，完善宏观调控体系等重要领域和关键环节，仍将面临一场场攻坚战。沿着社会主义市场经济体制的改革方向坚定前行，已经创造35年发展奇迹的中国，必将迎来更加美好的明天。

四、以促进社会公平正义、增进人民福祉为出发点和落脚点

党的十八届三中全会召开前夕，相关调查显示，超过九成的受访者表示关注

此次会议，因为它与普通百姓的生活密切相关。从户籍改革到养老金改革，从医疗问题到教育问题，这些诉求无不折射着人们对社会公平与正义的更高期待。

55岁的兰阿姨，退休前是江西一家企业的会计。最近几年，她每年的退休金都会增长10%左右，但让她感到不平衡的是，同样是参加工作30年，为什么自己退休后拿到的钱比从事业单位退休的邻居少很多。"现在相比之下还是差好远，同等的年龄、同等的工龄的基础上，我们差一千块钱左右吧。"对社会公平问题同样有所期待的，还有来自河北石家庄的小李。他们夫妻俩在北京工作，有一个可爱的女儿。但由于没有北京户口，每当想起孩子的上学问题，他总是忧心忡忡："目前可能面临一个比较现实的问题，就是孩子现在已经快两岁了嘛，然后未来可能会涉及要上幼儿园呀、去上学呀，一个觉得比较担心或忧虑的地方呢就是这个户口的问题。"同样没有北京户口的还有76岁的王大爷，他从黑龙江老家来到北京和儿子一起居住。对他来说，最闹心的是医疗问题。由于医保本在北京不能用，他只好一直拖着，等回到老家再治疗自己的颈椎病。"我们在大庆用，一刷卡就妥了，但现在不行。你上这儿看病得我们那儿大庆的大医院开转诊，然后到这儿的看病的钱回去才可以报销。"

从退休阿姨对退休金的平等期盼，到外来务工人员对户籍的追求，从外地大爷对医保通行的呼声，这些个体的诉求，无不表达着对三中全会改革强烈的期待和对社会公平的迫切需求。目前我国的改革已经进入深水区，新一轮改革的难度和阻力将更大，而社会公平问题则成为当前最重要的挑战。

带着民众对社会公平的期待，党的十八届三中全会给出了回应："以促进社会公平正义、增进人民福祉为出发点和落脚点"。全会提出，要紧紧围绕更好保障和改善民生、促进社会公平正义深化社会体制改革，改革收入分配制度，促进共同富裕，推进社会领域制度创新，推进基本公共服务均等化，加快形成科学有效的社会治理体制，确保社会既充满活力又和谐有序。实现发展成果更多更公平惠及全体人民，必须加快社会事业改革，解决好人民最关心最直接最现实的利益问题，更好满足人民需求。要深化教育领域综合改革，健全促进就业创业体制机制，形成合理有序的收入分配格局，建立更加公平可持续的社会保障制度，深化医药卫生体制改革。全会始终贯穿着公平正义的理念。

公平正义，听起来概念宏大，却体现在社会生活的方方面面。教育、就业、医疗能否充分保证公平，国企与民企能否公平参与竞争，养老金领取能否按照同一标准，"法律面前人人平等"能否落实到每一起司法案件，社会运行能否只有"明规则"而无"潜规则"……2013年3月，新任总理李克强首次面对中外记者时曾表示，"要推动促进社会公正的改革，不断地清理有碍社会公正的规则，而且要使"明规则"战胜"潜规则"。如今，改革将起新程，民众期待社会公平正义，期待"发展成果更多更公平惠及全体人民"。

如果说，中国改革的前35年是"做大蛋糕"，那今后改革的关键就在于"分好蛋糕"。一项针对中国改革的媒体调查中，近六成的人最期待"社会公平正义"。有学者指出，民众对公平正义的期待，已是中国改革的"最大公约数"。党的十八大以来，党和政府一直在"分好蛋糕"上下功夫。从"异地高考"方案"破冰"，到推进保障性住房的供应，再到社会救助制度的改革，一系列推进公平、改善民生的举措不断推出，给人们带来了新的希望。党的十八大报告提出确保到2020年全面建成小康社会。全面建成小康社会，最艰巨最繁重的任务在农村，特别是在贫困地区。没有农村的小康，特别是没有贫困地区的小康，就没有全面建成小康社会。

正基于此，习近平总书记再次发出重视扶贫的政策信号，也再次向外界宣示了新一届中央领导集体的改革导向，那就是让改革发展成果更多向困难群体倾斜，实现社会公平正义。在党的十八届三中全会召开前夕，习近平总书记到地处武陵山区中心地带的湘西州，考察扶贫开发情况。武陵山片区是中国14个集中连片特困地区之一。而在2012年岁末和2013年2月份，他曾分别到河北阜平县、甘肃渭源县考察"真贫"和"最贫"。短短10个月，习近平总书记先后三次专程考察调研三个中国最为贫困的地区，这显示出中国最高领导人心系困难群体、牵挂民生的情怀，也释放了中国未来改革发展更加注重公平正义的强烈信号。三中全会即将启动的新一轮改革，事关中国未来前途命运，各界对此寄予厚望。改革必然带来各方利益的激烈博弈与深刻调整，必须着眼于全体人民的根本利益和经济持续健康发展，来寻求不同社会群体、不同利益诉求的最大公约数，激发社会整体的动力与活力，而绝不能让困难群体、弱势群体在新的改革中继续甚至更加被边缘化、底层化。只有这样才能确保改革的正确方向，改革也才真正有意义。

党的十八届三中全会将为中国接下来的改革指明新的方向。改革要度过深水区、实现社会公平、增进人民福祉，最终还是要落实在实践上，落实在制度上。只有通过制度建设、制度发展、制度联动，我们才能实现社会公正这个最终目标。

五、进一步解放思想、解放和发展社会生产力、解放和增强社会活力

2013年10月23日，国家主席习近平在会见清华大学经济管理学院顾问委员会海外委员时表示，大家都很关注中国改革进程，我们将在中国共产党十八届三中全会上研究全面深化改革问题并作出总体部署。我们必须处理好改革、发展、稳定三者之间的关系，以更大的政治勇气和智慧，进一步解放思想、解放和发展社会生产力、增强社会创新活力。6天后，中共中央政治局会议在研究全面深化改革问题时再次明确强调，进一步解放思想、解放和发展社会生产力、解放和增强社会活力，坚决破除各方面体制机制弊端，努力开拓中国特色社会主义事业更加广阔的前景。在当前这样一个关键阶段，提出和强调"三个解放"，不仅寓意深刻，而且为下一步继续全面深化改革点准了穴位、指明了方向。

解放思想是针对举什么旗、走什么路，实现什么样的改革目标、方向、路径、战略等作出科学明确的回答。简要地概括一下过去35年改革开放的历程，其展开的逻辑十分清晰：在每一次重大历史关头的考验中，能够突破禁锢、开拓前进，靠的都是解放思想。第一次解放思想发生在"文化大革命"结束以后，中国面临着向何处去的重大历史关头。关键时刻，展开了真理标准的大论战，摒弃了"两个凡是"的错误方针，重新确立了解放思想、实事求是的思想路线，为制定以经济建设为中心的基本路线，开辟新时期社会主义建设的新路奠定了基础。第二次解放思想，发生在1992年春天，邓小平南方谈话，成为当代中国解放思想的又一个里程碑。"发展是硬道理"论断，是对凡事问姓"社"姓"资"的思想束缚的解放，"不改革就下台"是对"稳定压倒一切"思想的解放。通过

解放思想，摧毁了"左"的思想桎梏；通过改革开放，进一步解放和发展了社会生产力。第三次解放思想，发生在邓小平逝世之后，中国面临着举什么旗、走什么路的重大历史关头。是退回到单一公有制和计划经济老路上去，还是从"私有化"中找出路？关键时刻，我们党坚决顶住来自"左"的和右的压力，尤其是党的十五大作出了一个历史性的决策，把邓小平理论作为党的指导思想写进党章，制定了党在社会主义初级阶段的基本纲领，明确了公有制为主体、多种所有制经济共同发展是我国社会主义初级阶段的一项基本经济制度，强调要全面认识公有制，公有制实现形式可以而且应当多样化，不能笼统地认为股份制是姓"公"的还是姓"私"的，作出了全面参与经济全球化、加入世界贸易组织的战略决策，等等，从而在新的思想解放中把建设中国特色社会主义全面推向21世纪。第四次解放思想，发生在步入新世纪新阶段之后。进入新世纪后，面对发展机遇期与改革攻坚期的双重时代背景，是用改革开放前的老办法，还是搬用西方那一套来解决问题？以胡锦涛同志为总书记的党中央旗帜鲜明地回答了这个问题：高举中国特色社会主义伟大旗帜，以邓小平理论和"三个代表"重要思想为指导，深入贯彻落实科学发展观，继续解放思想，坚持改革开放，推动科学发展，促进社会和谐。

较之以往，我们党今天所面临的国内国际环境更加复杂多变，所面对的改革发展任务更加艰巨繁重，改革步入更加扑朔迷离、杂草丛生的泥潭区和深水区，体制机制上的顽疾、突破利益固化的藩篱，使得改革的每一步都是难啃的硬骨头。是一鼓作气、勇往直前，还是瞻前顾后、畏葸不前，改革再次行进到一个亟待作出抉择的十字路口。历史的经验，发展的规律，一次次地启迪我们，抓住机遇需要进一步解放思想，应对挑战需要进一步解放思想，解决前进道路上的突出矛盾和问题需要进一步解放思想，全面深化改革更需要进一步解放思想。也只有全面深化改革，才能进一步促进思想的大解放。党的十八大报告把"解放思想"和"改革开放"紧密地结合在一起作为精神状态问题提出来，实质上就是要求全党，在以改革开放为鲜明特征的整个新时期，必须继续坚定不移地把注意力集中到解放思想上来。

解放思想是先导，只有解放思想，才能为实现解放和发展社会生产力提供精神动力；解放和发展社会生产力是保障，唯有解放和发展社会生产力，才能为呼唤解放思想提供内生需求。邓小平讲过："革命是解放生产力，改革也是解放生产力。""过去，只讲在社会主义条件下发展生产力，没有讲还要通过改革解放生产力，不完全。应该把解放生产力和发展生产力两个讲全了。"事实上，回顾35年的改革历程，我们所作出的重大改革也都是围绕解放和发展社会生产力这个中心任务来展开的。比如，党的十一届三中全会首次决定开展的改革，就是从生产力是社会发展的决定性力量这一马克思主义基本原理出发，果断地决定把党和国家的工作中心转移到社会主义现代化建设上来。明确提出，实现现代化就是要"大幅度地提高生产力"。要大幅度地提高生产力，要使生产力迅速发展，就必然要求多方面地改变同生产力发展不适应的生产关系和上层建筑，改变一切不适应的管理方式、活动方式和思想方式。这就要对原有的、权力过于集中的经济管理体制进行改革。在当时，农业作为国民经济的基础十分薄弱，首先要把农业生产尽快搞上去，同时农村经济管理体制又是计划经济体制较为薄弱的部分，是改革易于突破的环节。这样，农村改革就成为我国经济体制改革初始阶段的突破口或重点任务。又如，2003年召开的党的十六届三中全会，通过了《中共中央关于完善社会主义市场经济体制若干问题的决定》。《决定》指出，目前经济体制还不完善，生产力发展仍面临诸多体制性障碍。为进一步解放和发展生产力，必须深化经济体制改革，进一步巩固、健全和完善社会主义市场经济体制。这样，在社会主义市场经济体制已初步建立之后，对新体制的进一步完善成为深化改革阶段的突破口或重点任务。

当前，解放和发展生产力的内涵已经发生了重大变化。如果说在过去35年的改革中，解放和发展生产力的内涵主要是指推动生产力在量上的扩大，使生产力以更高的速度发展，那么，现在，解放和发展生产力的内涵已经改变为不仅是推动生产力在量上的适度扩大，而且更重要的是促进生产力在质上的提高，使生产力以更高的质量发展，也就是加快经济发展方式转变，把推动发展的立足点转到提高质量和效益上来。"使生产力以更高的质量发展"，要比"使生产力以更高的速度发展"更困难、更复杂、更艰巨。如果说使生产力以更高的速度发展，主要是通过改革，扫除权力过于集中的原有体制的束缚，发挥市场经济的活力，就可以做到。那么，使生产力以更高的质量发展，就不仅需要通过改革继续扫除原有体制的束缚，而且要在社会主义市场经济体制初步建立和完善之后，通过系统化、整体化、协同化改革，构建起一整套系统完备、科学规范、运行有效的全面改革系统。

如果说进一步解放思想、解放和发展社会生产力是遵循人类社会发展规律的必然之举，那么，解放和增强社会活力就是适应当前中国社会发展实际的应势之举。社会活力是社会进步、协调、和谐的基础和条件，也是社会进步发展的源泉。社会活力不断解放和增强，是一个社会走向成熟的重要标志。如果回到35年前，相比于单位、组织等概念，人们对"社会"一词的认识还十分模糊。随着计划体制的融冰，社会也渐归其本义。从乡镇企业到温州模式，从离职下海到"汶川一代"，来自基层、来自民间的澎湃探索热情与不竭首创活力，也把改革的潮头一次次推向崭新高度。正如习近平总书记强调的，要深化改革，还需要"充分调动各方面积极性，最大限度增强社会发展活力"。

在当代中国的改革棋盘上，政府、市场、社会的"三元体制"已然确立。在一些领域，有形之手因"无力"而失守、无形之手因"无利"而失灵，社会作为"活力之手"，正可发挥关键作用。有人认为，经济改革是中国改革第一个突破口，带来了35年持续增长；而社会改革将成为下一个突破口，决定着未来30多年的发展走向。比如，空巢老人和留守儿童承受着流动时代的痛楚，社会力量正可给予更多支持；60岁以上老年人口将破2亿，"银发浪潮"正需借力社会；环境敏感升级成环境焦虑，社会团体或可破解环保两难困局……"管该管的事"已成改革基本共识，那么，就不能希冀政府包办一切。这些"微观问题"，正凸显出发展好社会力量的重要与必要。国务院出台政府向社会力量购买服务的指导意见；仅仅半年多时间内，相继取消、下放了300多项行政审批事项……新一届中央领导集体执政以来，围绕"简政放权"进行的一系列改革，正是激发社会活力的尝试。通过机构改革，把政府不该管、管不好的事务交给市场、还给社会，从而完成职能转变。"开弓没有回头箭"的决心，"壮士断腕"的勇气，都说明了新一届中央领导集体日益明朗的思路。

2013年10月，台风肆虐东南沿海，浙江余姚被大水围城多日。虽属天灾，但人们对于应对的责难，也可从反面解读出"全能政府"的无奈与社会发育的不足。这是一个全新的改革领域，艰难探索仍待破题。在社会事业上，教育改革缺少基础性顶层设计，医疗改革难以填平供需间的鸿沟，而社会保障则遇到资金管理、区域协调等新问题。在社会治理方式上，如何通过提供政策支持、资金扶持，减少行政干预、赋予更大自主权，让社会力量不断孵化、成长，也还需要进一步探索。培育社会组织、完善社会保障、创新社会治理，正是"使全社会创造能量充分释放、创业活动蓬勃开展"的基本前提。

事实上，社会活力的解放和增强，同样离不开思想的大解放、社会生产力的解放和发展。一些地方"谈社会就害怕"，认为社会活力的激发会削弱政府的作用，宁愿当"保姆"；一些地方"谈社会就反对"，害怕社会力量的引入会影响到个人或者小团体利益，不愿意"放手"；还有一些地方"谈社会就摇头"，不知道怎么跟社会力量打交道，更别说服务和管理了。思想的解放，社会生产力的解放和发展，曾打开经济发展的闸门；今天，我们需要通过进一步解放思想、解放和发展社会生产力，来重新认识和发现社会，把这一道活力的闸门打开。

今天的中国犹如一列疾驰的动车组。创造"中国速度"，实现全面改革，不仅仅要靠火车头的有力牵引，还必须由各节车厢源源不断地同步迸发前进能量，而进一步解放思想、解放和发展社会生产力、解放和增强社会活力就是这每一节车厢的原动力。只要我们瞄准全面深化改革的前行目的地，进一步激发不同利益主体的积极性与创造性，中国号巨轮必将以更强劲的动力驶入更宽阔的水域。

六、坚决破除各方面体制机制弊端，努力开拓中国特色社会主义事业更加广阔的前景

改革开放是党在新的时代条件下带领全国各族人民进行的新的伟大革命。党的十一届三中全会召开35年来，我们党以巨大的政治勇气，锐意推进经济体制、政治体制、文化体制、社会体制、生态文明体制和党的建设制度改革，不断扩大开放，成就举世瞩目。对于新一轮的改革，党的十八届三中全会公报指出："坚决破除各方面体制机制弊端，努力开拓中国特色社会主义事业更加广阔的前景"。

改革开放总设计师邓小平提出"摸着石头过河"，既然是"摸石头"，就无现成模式可用，就无实践经验可借。在经过35年的"摸索"之后，我国的改革开放积累了许多宝贵的经验，同时也对改革的问题和难点有了更深刻的体会。对于改革进入深水区和攻坚期遇到的困难，新一届中央领导集体有着清醒的认识。习近平履新总书记后视察广东时说，改革就是要"敢于啃硬骨头，敢于涉险滩，既勇于冲破思想观念的障碍，又勇于突破利益固化的藩篱"。李克强总理对于该问题则说得更为直接。他说："下一步的改革，不仅是解放思想、更新观念，更多方面的改革是要打破固有利益格局，调整利益预期。"

改革进入"深水区"，任何一项涉及利益调整的政策出台必然越来越容易引起争议，形成共识的艰难在舆论交锋中显现无疑。如"房产税试点扩容"，是停留在"增量"上还是进而向"存量"开刀，考验着相关各方的意志和智慧。从解决温饱问题到全面建成小康社会，无疑是我国社会的一次飞跃性进步。要实现这一飞跃，成就前所未有的伟大事业，需要凝聚起更加广泛、更加强大的力量。这就需要不断总结改革发展中的经验教训，通过科学合理地深化改革，更好地协调各方利益关系，更好地实现公平正义，使人民群众更多分享改革发展红利，成为推进改革、促进发展的坚定支持者、实践者。

如果说改革开放35年来，我国按照"效率优先"的原则积累了大量的社会财富，那么进一步改革面临的问题就是对社会财富按照"公平"的原则进行重新分配。这就必然涉及利益关系的重新调整。与前期改革的普惠相比，今天深化改革面临的局面无疑要复杂得多，难度要大得多，其中一个重要原因就是一些既得利益者不但拒绝调整既有利益格局，而且会千方百计利用财富和权力对这种利益格局加以固化。因为利益关系调整势必会触及他们已经取得的利益和预期得到的利益。社会财富如何分配？利益关系如何调整？这是当前深化改革面临的最大难点，也是改革的最大阻碍。

改革，从根本上说就是对各方利益的深刻调整。党领导人民发展社会主义市场经济，就是为了实现全体人民共同富裕。利益固化抑制社会创造活力，损害社会和谐稳定，阻碍经济社会持续发展，必须下决心解决。通过利益关系调整，进一步处理好发展与分配、效率与公平的关系，使改革发展成果分配朝着人民群众更多更公平分享的方向迈进。

利益关系调整，涉及部门利益、行业利益，也涉及地区利益、群体利益。不同的部门、行业、地区和群体，利益诉求必然存在差异，对深化改革的态度自然也各不相同。"改革最大阻力在于利益集团"（原广东省委书记、省经济特区管理委员会主任兼深圳市委第一书记、市长吴南生接受《南方日报》采访时说）这一观点，不仅在民间和学界形成共识，在执政党内部也得到广泛的认同。对此，新一届中央领导集体也有着清晰的判断和冷静的分析。习近平总书记在武汉主持召开部分省市负责人座谈会时强调，"必须以更大的政治勇气和智慧，不失时机深化重要领域改革，攻克体制机制上的顽瘴痼疾，突破利益固化的藩篱"；李克强总理则指出，"为了最大程度减轻改革阻力，要善于在利益增量上做文章，在利益预期上作调整，同时稳妥推进存量利益的优化，调整改变预期利益。"体现了新一届中央领导集体推进改革的决心，也为下一步改革指明了方向，更提振了人民群众对深化改革的信心。

在所有的利益掣肘中，政府自身利益最为核心。改革要想继续推进，绕不开政府自身利益的调整。改革进入深水区或攻坚区，实际上也是进入政府自身改革的深水区和攻坚区。几乎所有重大的改革，都会牵扯到对政府的改革。无论是财税体制改革，还是行政审批制度改革；无论是金融体制改革，还是政府机构改革，这些改革任何一项取得突破，都将极大地凝聚人心，凝聚社会共识，凝聚改革动力；这些改革，无一不涉及政府的切身利益，无一不涉及具体部门的切身利益。期待接下来的政府改革，以"敢于啃硬骨头，敢于涉险滩"的精神，从最难调整的利益格局开始，让民众更多分享改革的红利。

马克思说过，"人们的奋斗所争取的一切，都同他们的利益有关"。触动利益比触动灵魂还难。但是，停顿和倒退没有出路，越是难啃的"硬骨头"，越是集中了更多的民意期待，越应拿出更大的政治勇气和智慧坚决推进。不同声音并不可怕，遭遇阻碍也很正常。只要符合党心民意，顺应时代潮流，就能得到最广泛的支持，聚合起实现中国梦的正能量。

第三讲
全面深化改革的基本原则

　　中共中央政治局2013年8月27日召开会议，会议强调："必须坚定深化改革的信心、坚持深化改革的正确方向、凝聚深化改革的共识、注重深化改革的统筹谋划，协同推进各项改革；必须尊重人民首创精神，最大限度集中全党全社会智慧，把党内外一切可以团结的力量广泛团结起来，把国内外一切可以调动的积极因素充分调动起来，形成推进改革的强大合力；必须充分认识改革面临的矛盾和困难，增强与时俱进、攻坚克难的勇气，敢于啃硬骨头，敢于涉险滩，既勇于冲破思想观念的障碍，又勇于突破利益固化的藩篱；必须通过全面深化改革，推进实践基础上的理论创新、制度创新、科技创新、文化创新以及其他各方面创新，始终把改革创新精神贯彻到治国理政各个环节，把全社会的力量更好凝聚到实现党的十八大确定的奋斗目标和工作部署上来。"这"四个必须"是新一届中央领导集体全面深化改革的基本原则。党的十八届三中全会公报和十八届三中全会审议通过的《中共中央关于全面深化改革若干重大问题的决定》，全面体现了这些基本原则。

　　一、必须坚定深化改革的信心、坚持深化改革的正确方向、凝聚深化改革的共识、注重深化改革的统筹谋划、协同推进各项改革

　　有个小男孩头戴球帽，手拿球棒和棒球，全副武装地到自家后院。"我是世界上最伟大的击球手"，他自信满满，把球往空中一扔，用力挥棒，但却没有打中。他毫不气馁，又往空中一扔，大喊一声："我是最厉害的击球手。"他再

次挥棒，可惜又落空了。他愣了半晌，仔仔细细地将球棒和棒球检查了一番。他站了起来，又试了一次，这次他仍告诉自己："我是最杰出的击球手。"然而他第三次尝试又落空。"哇！"他突然跳了起来，"原来我是第一流的投手！"小男孩的信心让人震撼，积极的心态、坚定的信心，是战胜困难的重要力量。现在我国深化改革同样需要这样的信心。改革的全面深化离不开信心的支撑，有信心才有勇气，有信心才有力量，信心比黄金和货币更重要。希腊大科学家阿基米德说："给我一个支点，我就能撬起地球。"同样，用信心做支点，我们就能把改革撬上全面深化的轨道。

我国的改革道路前无古人，没有现成的经验可照搬。加上改革又到了"深水区"，无论是政治环境和经济环境，都存在着很多的不确定性。一些改革又牵一发而动全身，难度确实很大。这使得一些党员领导干部对改革缺乏自信，底气不足，遇事如临大敌，动辄大规模动用警力；怕讲真话，不敢披露真相；怕别人议论；迷信盛行；将子女送到国外……正是由于这种不自信，导致一些领导干部改革的干劲、动力和冲劲不足，不敢去碰一些敏感领域和敏感问题，稍微有一点风险的改革，就裹足不前，前怕狼后怕虎，左也不是右也不是。这也是新一届中央领导集体不断重申坚定深化改革信心的重要原因。新一届中央领导集体自履新以来，无论是习近平总书记反复强调"改革不停顿，开放不止步"，还是李克强总理在2013年夏季达沃斯论坛开幕式上的讲话，都展现出极大的改革自信。中央明确提出改革总体方案、路线图、时间表，势将重燃公众对改革的信心、对未来的期盼。期盼公平、正义、幸福、尊严，期盼家和万事兴、治国平天下……改革发展要取得成功，广大党政干部需要坚定深化改革的信心，对我们的民族、国家、老百姓有信心，对现实有信心，牢记打铁还要自身硬，克服本领恐慌，培养和提高自身的实际能力。

深化改革既需要坚定的信心，也需要坚持正确的方向。讲方向，最根本的就是我们的改革开放是社会主义制度自我完善和发展。从包产到户到价格闯关，从依法治国到政务公开，各项改革都沿着中国特色社会主义道路不断推进，我们才获得了广阔发展空间。这是我国改革开放的逻辑起点，也是今天深化改革需要坚持的正确方向。不管改什么、怎么改，都要明确中国特色社会主义，而不是其他什么主义，科学社会主义基本原则不能丢，丢了就不是社会主义。我国今天的改革进入了攻坚期和"深水区"。这个时候，方向失衡就会不进而退，方向持正才能激流勇进，直挂云帆济沧海。面对进一步深化改革新形势，习近平总书记在广东考察时强调，"要坚持改革开放正确方向，敢于啃硬骨头，敢于涉险滩""不失时机深化重要领域改革"。这既是针对我国改革进入攻坚期和"深水区"的现实向全党全国人民发出的动员令，也明确传递出进一步加快推进重要领域、关键环节改革的信息。习近平总书记在《关于〈中共中央关于全面深化改革若干重大问题的决定〉的说明》中进一步指出："当前，在改革开放问题上，党内外、国内外都很关注，全党上下和社会各方面期待很高。改革开放到了一个新的重要关头。我们在改革开放上决不能有丝毫动摇，改革开放的旗帜必须继续高高举起，中国特色社会主义道路的正确方向必须牢牢坚持。"

经过35年的改革开放，我国取得的成就有目共睹。但是，随着改革的不断推进，特别是进入攻坚阶段之后，我们也发现，改革的进程不再如过去一般快速推进，难度和阻力变得越来越大，甚至35年前上下齐心、万众携手推进改革的共识，也面临越来越多的争议和反对声。改革有没有共识，直接关系到改革能不能被有力地推动。任何成功的改革，都是凝聚共识进而调动各方力量共同推动的结果。在新一届中央领导集体的带领下，继续深化改革、更加积极开放，为国家前行提供源源不断的动力，正成为全党全国各族人民的共识。习近平总书记在主持中共中央政治局集体学习时强调，要积极回应广大人民群众对深化改革开放的强烈呼声和殷切期待，凝聚社会共识，努力把改革开放推向前进。任何一项改革，都需要广大人民群众的支持，没有人民群众的支持，改革就是无源之水，无本之木。应当承认，改革开放的伟大成就惠及了广大人民群众，成就了一场伟大的"帕累托改进"。群众是改革的基石，干部是改革的直接参与者、决策者和主导者。改革进展到今天，没有他们的辛勤付出，改革断然不可能取得如此辉煌的成就。

可以说，对于"改革共识"而言，"要不要改革"已经没有疑义，而"改什么"、"从哪改"、"怎么改"目前尚有争论与分歧。推进一项改革通常涉及多方面利益的调整，化解一种矛盾可能触及诸多其他的矛盾，不同的群体有着不同的诉求，成为当下形成改革共识的难点所在。要想改变此种困局，就需要重新凝聚深化改革的共识，既要让人民群众再次成为改革的主体，让人民群众参与到改革的制定过程中来，也要建设有利于进一步改革、鼓励改革者积极改革的体制机制，让善于改革的人上，让阻碍改革的人下。如何凝聚共识，如何发动改革引擎？这就需要研究真问题，不回避利益冲突，不忽视社会矛盾，找到当前改革的突破口，以良好的推动改革的体制机制，以有利于改革事业的干事氛围，让改革者能够敢为天下先，能够锐意创新，从而在改革的层面大胆试验，闯出改革的新天地。

当前，我国正处在增长阶段转换与发展方式转型并行的关键期，经济结构正在深度调整，体制机制上的顽疾亟待攻克，思想观念上的障碍、利益固化产生的藩篱都亟须破除。改革的关联性更强，任何一项改革都可能"牵一发而动全身"，单兵突进式改革已难以奏效，统筹布局、长远谋划，综合治理、协同推进各项改革成为必然选择。正如没有户籍制度、公共服务、教育医疗等方面保障，农民工成为新市民只是一个遥不可及的梦；缺乏就业、住房、社保、人口管理等方面支撑，"异地高考"的阳光便难以照进现实；少了工资制度、税收调节、分配秩序、公共财政等方面创新，收入分配改革就会步履维艰；欠缺法制规范、行政整合、信息公开等配套政策，食品安全就会出现"七八个部门管不了一只鸡，十几个单位管不好一桌菜"的怪事。这些老百姓普遍关注、反映强烈的改革难题说明，没有全面改革的统筹谋划，没有各项改革的协同推进，就难免顾此失彼、相互掣肘。党的十八大以来，新一届中央领导集体反复强调，必须注重深化改革的统筹谋划、协同推进各项改革。今天的改革，不是"愉快的郊游"，而是啃硬骨头、涉险滩。只有既整体推进，又重点突破，勇于冲破思想观念的束缚，勇于突破利益固化的藩篱，勇于破除阻碍生产力发展的体制机制障碍，全面深化改革才能获得新动力，我国发展才能闯出新天地。

二、必须尊重人民首创精神，最大限度集中全党全社会智慧，把党内外一切可以团结的力量广泛团结起来，把国内外一切可以调动的积极因素充分调动起来，形成推进改革的强大合力

全面深化改革，是新一届中央领导集体的坚定决心，也是全党全国人民的热切期待。时至今日，改革已是船行中流。"深水区"里暗礁横生，攻坚期内矛盾交织，如何进一步冲破思想观念的障碍，突破利益固化的藩篱，革除阻碍科学发展的体制机制弊端，继续解放思想、攻坚克难、推动改革、扩大开放，是我国社会主义现代化建设躲不开也绕不过的"必答题"。"我们要尊重人民首创精神，在深入调查研究的基础上提出全面深化改革的顶层设计和总体规划，尊重实践、尊重创造，鼓励大胆探索、勇于开拓，聚合各项相关改革协调推进的正能量。"习近平总书记在广东考察时的重要论述切中要害，为有效破解这一"必答题"指明了方向。

人民群众是历史的创造者，是真正的英雄，是推动社会发展的根本力量。毛泽东曾教育全党："人民，只有人民，才是创造世界历史的动力。"不论是翻阅历史长卷，还是回顾改革开放35年波澜壮阔的创新实践，不难发现，人民群众中蕴藏着无穷的聪明才智和极大的创造力，人民群众是实践和认识的主体，是物质财富和精神财富的创造者，是社会发展的决定性力量和真正动力。从战争年代的"麻雀战"、"地道战"、"地雷战"，到改革开放以来的农村家庭联产承包责任制、乡镇企业异军突起，从延安整风到党员先进性教育，从"精兵简政"到机关的多次改革等，这一件件伟大的创造，无不首先来自实践，来自人民群众。农村改革中实行的家庭联产承包责任制，就是在安徽凤阳县小岗村的"大包干"这一实践创新的基础上产生的。经济特区同样是人民群众的实践创造。乡镇企业也是基层农业单位和农民自己创造的。在人民群众的创造中，除了农民的创造、工人的创造外，也包括知识分子的创造，关于实践是检验真理的唯一标准、关于社会主义市场经济等问题，都是理论工作者首先提出来的。邓小平的功绩在于一方面热情关注人民群众建设社会主义的首创精神，凡是符合"三个有利于"标准的人民群众拥护和赞成的创新，他都给予积极肯定和坚决支持。他在一次谈话中说，在农村发展多种经营，发展新型乡镇企业，容纳了大量的农村剩余劳动力，这不是我们领导出的主意，而是基层农业单位和农民自己的创造，这个创造极大地发展了农村生产力。他还在多次讲话中，对创办经济特区，推进政治体制改革，开设证券、股票市场等群众拥护和赞成的创新实践给予了明确的支持。邓小平自己曾多次说过："农村搞家庭联产承包，这个发明权是农民的。农村改革中的好多东西，都是基层创造出来，我们把它拿来加工提高作为全国的指导。""其实很多事是别人发明的，群众发明的，我只不过把它们概括起来，提出了方针政策。"

我们党历来把集中民智、发挥群众作用，作为我们工作的重要方式。相信群众，尊重群众是我们工作的出发点。尊重人民的首创精神，是我国改革开放取得巨大成就的重要经验，也是推进改革的重要方法。尊重人民的首创精神就是相信群众、发动群众、利用群众的智慧，充分调动群众的积极性，使广大人民群众参与改革，参与中华民族的伟大复兴。

以前的改革，为的是解决温饱；今天的改革，更着眼全面发展，追求的是社会公正，关切的是民众尊严，铸就的是发展动力。这就需要从人民群众反映最强烈的问题入手、从社会发展凸显最突出的矛盾入手，来决定哪些改革要小步走、稳步走，哪些改革要不停步、迈大步，哪些改革需稳中有进，哪些改革要惊险一跃。不失时机，拿出勇气，才有能力突破"纠错困境"、走出"转型陷阱"，以"最大的红利"，抓住"最大的机遇"，释放"最大的潜力"。顺应民心，尊重民意，凝聚民智，方能干群一致、上下同心，突破思想观念的障碍可期，冲破利益固化的藩篱可待，实现中国梦的未来可望。

党的十八大以来，习近平总书记就坚定不移推进改革开放作出了很多重要论述，其中就强调形成推进改革开放的强大合力。这是改革开放的成功经验，是深化改革开放，取得新进展、实现新突破的重要条件。历史表明，一个民族和国家走向兴旺发达、实现长治久安，必须依靠社会的强大合力，否则只能是一盘散沙、一事无成。我国的改革开放之所以能够历经35年而蓬勃向前，取得巨大成效，一个重要原因，就是我们党团结带领最广大人民，最大限度集中全党全社会智慧，把党内外一切可以团结的力量广泛团结起来，把国内外一切可以调动的积极因素充分调动起来，形成推进改革的强大合力。

改革在不断深化，形势在发展变化。我国的改革已步入攻坚期和"深水区"，攻坚期表明改革的艰巨性增加，"深水区"表明改革的风险性加大。怎样攻坚克难、平稳过渡？单一突破难以奏效，仅仅依靠少数人的积极性极易夭折，只有形成推进改革的强大合力，才能整体推进、同心协力，共克难关、共渡激流。恩格斯说过，人们创造历史的活动，如同无数力的平行四边形形成的一种总的合力。全面深化改革，正是为了激发这种"总的合力"。以习近平为总书记的新一届中央领导集体继往开来，坚持和发展中国特色社会主义，推进改革开放进入新阶段、迈上新台阶，以更大的决心和力度形成推进改革开放的强大合力。从承诺把人民对美好生活的向往作为党的奋斗目标，到强调中国梦是每一个中华儿女的共同期盼；从与河北省阜平县困难群众共勉"只要有信心，黄土变成金"，到参加全国政协新年茶话会共话"众人拾柴火焰高"，从要求以"踏石留印、抓铁有痕"的劲头抓改进作风，到提出要努力让人民群众在每一个司法案件中都感受到公平正义等，新一届中央领导集体以切实的言行鼓舞人心、凝聚民心，得到了全党和全国各族人民的高度认同和广泛支持。

三、必须充分认识改革面临的矛盾和困难，增强与时俱进、攻坚克难的勇气，敢于啃硬骨头，敢于涉险滩，既勇于冲破思想观念的障碍，又勇于突破利益固化的藩篱

如果说我国过去35年的改革是"帕累托改进"，每个人都能或多或少从改革中受益；那么未来，改革越来越会成为"卡尔多改进"，利益格局会有更大调整，更多是着眼于整个社会收益的增加。经过35年的改革开放，我国正处于一个利益关系空前复杂的状态之中，利益结构复杂化、利益差距扩大化、利益冲突明显化，使社会的公平公正受到影响，减弱了社会发展动力，一系列深层次矛盾已经暴露出来，这些深层次矛盾已经成为社会经济继续前行发展的羁绊和阻力，启动新一轮改革已经显得越来越迫切。前35年的改革是在我国长期计划经济情况下，国民经济几乎到了崩溃边缘、人民生活水平普遍极度困难情况下启动的，阻力相对较小，具有广泛的共识和基础。而继续推进的本轮改革面临的是"深水区"，是对过去35年改革中形成的既得利益进行调整，阻力会异常之大。这就意味着改革到了"敢于啃硬骨头，敢于涉险滩"的时候了；这就要求改革"既勇于冲破思想观念的障碍，又勇于突破利益固化的藩篱"。正因为如此，习近平总书记在广东考察时指出，我们要坚持改革开放正确方向，敢于啃硬骨头，敢于涉险滩，既勇于冲破思想观念的障碍，又勇于突破利益固化的藩篱。2013年8月27日召开的中共中央政治局会议再一次强调："必须充分认识改革面临的矛盾和困难，增强与时俱进、攻坚克难的勇气，敢于啃硬骨头，敢于涉险滩，既勇于冲破思想观念的障碍，又勇于突破利益固化的藩篱。"这体现了新一届中央领导集体推进改革的决心，也为下一步改革指明了方向，更提振了人民群众对深化改革的信心。

当前深化改革面临的两大障碍：一是思想观念障碍；二是利益固化藩篱。两者之中，也的确有不少缺乏忧患意识、思想僵化、不思进取之人，但要清醒地看到，改革面临的核心障碍或许仍是"利益掣肘"：有的人嘴上支持改革，甚至呼吁改革，但一旦涉及自身利益时却反对改革，导致一些关键领域和重要环节的改革，长期以来久议不决、决而难行、行而变样。他们反对的理由，可能是"时机不成熟、条件不具备"等，看起来是"观念障碍"，其实根源还是"利益固化"。突破利益固化的藩篱，是我国突破改革攻坚期和"深水区"的关键所在。

马克思说过："人们的奋斗所争取的一切，都同他们的利益有关。"触动利益比触动灵魂还难。但是，停顿和倒退没有出路，越是难啃的"硬骨头"，越是集中了更多的民意期待，越应拿出更大的政治勇气和智慧坚决推进。不同声音并不可怕，遭遇阻碍也很正常。只要符合党心民意，顺应时代潮流，就能得到最广泛的支持，聚合起实现中国梦的正能量。中共中央政治局委员汪洋在今年的"两会"上曾经说过："如果说30年前改革解决的是意识形态问题，那么现在就是利益问题，改革实际上就是拿刀割自己的肉。"下一步的改革要想取得重大突破和进展，就必须有一大批勇敢者站出来，像谭嗣同一样，变法流血"请自嗣同始"，改革攻坚"先割自己肉"。

改革的动力，在于释放制度红利。这个时候，自我革命可谓至关重要。正如不少人担心的，在一些领域，相关部门每个司局甚至处室，都守着自己的一摊利益，这种情况下，自断其腕相当困难。经过35年的发展，我们已经为继续深化改革拿到了一手好牌，但接下来要挑战的，是进入"啃硬骨头"、"涉险滩"的攻坚；我们身处的，是"触动利益比触动灵魂还难"的转型期社会。打好手中这副牌，需要充分认识改革面临的矛盾和困难，增强与时俱进、攻坚克难的勇气，敢于啃硬骨头，敢于涉险滩，既勇于冲破思想观念的障碍，又勇于突破利益固化的藩篱，既要有更大的政治智慧和勇气，更要有"言必信行必果"的决心和干劲。

只有保持战略眼光、加强顶层设计、科学统筹协调，把短期目标和长期目标衔接起来，让总体利益高于个别利益，才能收获断腕之后的新生。

四、必须通过全面深化改革，推进实践基础上的理论创新、制度创新、科技创新、文化创新以及其他各方面创新，始终把改革创新精神贯彻到治国理政各个环节，把全社会的力量更好凝聚到实现党的十八大确定的奋斗目标和工作部署上来

我国著名画家齐白石，是在各方面造诣都很高的现代绘画大师，久负盛名，极受推崇。然而，面对已经取得的成功，他并不满足，而是不断汲取历代画家的长处，不断改进自己作品的风格。他60岁以后的画，明显不同于60岁以前。70岁以后，他的画风又变了一次。80岁以后，他的画风再度变化。据说，齐白石一生，曾五易画风。正因为白石老人在成功后，能仍然马不停蹄地改变、创新，所以他晚年的作品比早期的作品更完美成熟，也形成了自己独特的流派与风格。齐白石先生经常告诫弟子的一句话是"学我者生，似我者死"。他认为画家要"我行我道，我有我法"。就是说，在学习别人长处时，不能照搬照抄，而要创造性地运用，不断发展，这样才会赋予艺术鲜活的生命力。

托马斯·彼得斯说：距离已经消失，要么创新，要么死亡。创新无论是对于一个人，还是一个民族、一个国家都是至关重要的。历史上有许多古老的民族、古老的文明，因为后来缺少创新精神而日渐衰微乃至湮灭。创新是一个民族进步的灵魂，是一个国家兴旺发达的不竭动力，也是一个政党永葆生机的源泉。2013年8月27日召开的中央政治局会议强调，必须通过全面深化改革，推进实践基础上的理论创新、制度创新、科技创新、文化创新以及其他各方面创新，始终把改革创新精神贯彻到治国理政各个环节，把全社会的力量更好凝聚到实现党的十八大确定的奋斗目标和工作部署上来。改革创新是当今时代的最强音，也是贯穿党的十八大的一条鲜明主线。从"改革不停顿、开放不止步"，到"改革是最大的红利"，再到"以更大的政治勇气和智慧，不失时机深化重要领域改革"，一次次掷地有声的高层宣示，传递了斩钉截铁的决心，点燃了全党、全社会的改革创新激情。我国每一次大的发展跨越靠的都是改革突破、创新驱动，踏上全面建成

小康社会、实现中华民族伟大复兴中国梦的新征程，唯有深化改革、勇于创新，才能增强动力、迸发活力，在新一轮改革发展大潮中持续前行。

经历改革开放以来35年的快速发展，我国经济迈入不进则退的关键期，改革步入不改不行的攻坚期，需要十分清醒地警惕一些部门和部分官员对权力爱不释手，怕既得利益受损，对改革抱有消极态度；警惕一些权力部门的"行政权力部门化，部门权力利益化，部门利益法制化"的趋势蔓延；警惕部分先富阶层幻想把"先富"到"共同富裕"的大政策当作"不变之策"；警惕体制内事关国计民生的部分"特殊垄断"领域和行业，抑制经济发展的活力；警惕体现在广大劳动人民主人翁地位的弱化，如"教育产业化"导致老百姓"上学难"，"医疗市场化"导致百姓看病难、看病贵，"减员增效，下岗分流"导致国企职工下岗失业，地方政府的土地财政造成劳动群体利益受损；警惕一些边缘群体被忽视、被遗忘，如"农民工"的地位在城市没有得到确认，城市近郊农民成为无地耕种、无工可务、没有保障的"三无"农民，中小城市的隐性失业人员不能享受国家对失业人员的优惠政策，从而担心进一步的改革将会加剧自己的疼痛等。因此，需要坚持把改革创新精神贯彻到上述这些治国理政的各个环节，不断在改革创新方面迈出新步伐，奋力把改革开放推向前进。

面向未来，我国发展进步的潮流不可阻挡，但前进的道路并非一帆风顺，面对诸多困难和挑战。当前，我国经济社会发展中不平衡、不协调、不可持续问题依然比较突出，城乡、区域、群体间收入差距和发展水平差距依然较大，关系群众切身利益的社会问题较多，一些领域出现了道德失范、诚信缺失现象，一些干部领导科学发展的能力不强，形式主义、官僚主义作风严重，一些领域消极腐败易发多发等。要解决这些困难和问题，需要通过深化改革，推进实践基础上的理论创新、制度创新、科技创新、文化创新以及其他各方面创新，以改革创新的时代精神不断攻坚克难，使中国特色社会主义始终保持勃勃生机。

一位著名作家曾说过：现在有三个中国，一个是数字中国，高速、高铁、高楼、GDP、国家实力、外汇储备、富豪榜；一个是网络中国，人们发表各种各样的意见，表达郁闷、愤怒、不快乐；另一个是身边的中国，每个人每天过的日子，相比从前，确实是好多了。这三个维度的中国，每一个都有其现实映射，它们从不同视角展示了我们脚下这片土地：经济总量世界第二，生活水平显著提高，发展成就举世瞩目，也有与之相伴随的问题：经济发展失衡、社会矛盾显现、体制尚待完善。三个中国的"纠结"恰恰反映出我国目前的真实情况。

如何解决这样的纠结，实现全面建成小康社会的奋斗目标，实现中华民族伟大复兴的中国梦？这需要凝聚全社会的力量，正如习近平总书记所说："实现中国梦必须凝聚中国力量，这就是中国各族人民大团结的力量。"什么是中国力量？就是中国各族人民大团结的力量，就是13亿人心往一处想、劲往一处使，汇集起来的力量。个人梦想可能千差万别，但实现国家梦想的征程上，同心同德、群策群力，就有无坚不摧的磅礴力量。这种力量，我们在革命年代前赴后继的抗争中感受过，在建设岁月激情燃烧的奉献中体验过，在改革时期波澜壮阔的奋斗中亲历过。未来的征程中，只要13亿人团结一心，把全社会的力量更好凝聚到实现党的十八大确定的奋斗目标和工作部署上来，这种不可战胜的磅礴之力，必将成为我们在民族复兴之路上的胜利之本、力量之源。

古人云，治大国若烹小鲜。百味食材能否容于一炉，全凭五味调和之艺；同样，一个国家能否拧成一股绳，全看能否最大限度化解分歧，整合多元社会力量。在社会各阶层间建立最大限度的理想认同、思想认同和价值观认同，换言之，要在事关宏旨的议题上，于不同的意见中达成最大公约数，为治国理政创造牢固的思想根基；同时通过一系列手段，妥善处理不同群体、区域间的利益诉求，让发展成果为更多人分享，不断增进人民群众的支持和信任。衡量改革成败的标准，不是看数字，不是看高楼大厦，而是要看有没有真正调动了全体人民的积极性和解决人民群众的实际问题，人民群众的生活水平和生活质量有没有得到提高，人民群众有没有广泛认同和维护党和政府的领导力、公信力？如今，人民群众诉求日益多元化，对幸福生活的期待更加强烈，更好的教育、更稳定的工作、更可靠的社会保障、更合理的分配制度、更公平的社会……应对困难挑战，回应多方期待，推动科学发展，需要通过全面深化改革，推进实践基础上的理论创新、制度创新、科技创新、文化创新以及其他各方面创新，始终把改革创新精神贯彻到治国理政各个环节，把全社会的力量更好凝聚到实现党的十八大确定的奋斗目标和工作部署上来。

第四讲
全面深化改革的总目标

目标明确，才能定位好前进的方向；任务清晰，才能把握好奋斗的路径。党的十八届三中全会站在一个崭新的历史起点上，再一次设定历史航标，将"完善和发展中国特色社会主义制度，推进国家治理体系和治理能力现代化"作为全面深化改革的总目标。这个总目标在全会公报和全会通过的《中共中央关于全面深化改革若干重大问题的决定》里表述的比较清晰，就是加快发展社会主义市场经济、民主政治、先进文化、和谐社会和生态文明。通过这样制度上的完善，让一切劳动、知识、技术、管理、资本的活力竞相迸发，让一切创造社会财富的源泉充分涌流，而且要使这样一些创造的成果更加公平地惠及全体人民。习近平总书记在同也门总统哈迪举行会谈时谈到："我们提出，全面深化改革的总目标，是完善和发展中国特色社会主义制度，推进国家治理体系和治理能力现代化，加快发展社会主义市场经济、民主政治、先进文化、和谐社会、生态文明，让发展成果更多更公平惠及全体人民。"这一总目标深刻反映了改革发展的趋势和要求，综合考虑了国际国内的形势和条件，回应了人民群众的期盼和关切，为在新的历史起点上全面深化改革指明了总的方向。

一、完善和发展中国特色社会主义制度

33年前，改革开放刚刚起步，邓小平在总结历史经验教训时，鲜明地提出：制度问题"更带有根本性、全局性、稳定性和长期性。这种制度问题，关系到党和国家是否改变颜色，必须引起全党的高度重视"。的确，制度问题关系党和

国家的前途命运。改革开放以来，我国经济社会发展取得举世瞩目的伟大成就，制度的作用无可替代。站在新的历史起点上，不断推进中国特色社会主义伟大事业，制度的根本保障至关重要。

"鞋子合不合脚，自己穿着才知道；一个国家的发展道路合不合适，只有这个国家的人民才最有发言权。"习近平总书记在莫斯科发表演讲时曾经用生动的"鞋子理论"来诠释不同的国情背景决定了各国制度的差异性。一个国家实行什么样的制度，是由这个国家的性质、基本国情和具体历史文化条件决定的。中国是一个社会主义国家，但同时又是一个不同于以往包括苏联在内的传统社会主义国家。这里有特殊的历史文化传统，这里有特殊的历史发展进程，这里有特殊的生产力发展基础……这些特殊的因子汇集到一起，就赋予了当代中国以独特的制度需求、制度安排和制度规划。而这一制度就是中国特色社会主义制度，这就是适合我国国情和发展实际的合脚的那双"鞋子"。它既不同于当下的资本主义制度，又有异于苏联时所创立的社会主义制度。

中国特色社会主义制度，是几代中国共产党人不懈探索的伟大成果，是当代中国发展进步的根本制度保障，集中体现了中国特色社会主义的特点和优势。在长期革命、建设和改革的进程中，我们党坚持以马克思主义为指导，把制度设计建立在对中国国情的深刻认识上，建立在对共产党执政规律、社会主义建设规律、人类社会发展规律的深刻把握上，形成了具有强大生命力的中国特色社会主义制度。中国特色社会主义制度作为一整套制度体系，由根本层面的制度、基本层面的制度、具体层面的制度以及中国特色社会主义法律体系组成。不同层面的制度具有不同的地位和作用，共同构成一整套相互衔接、相互联系的制度体系。党的十八大报告将中国特色社会主义制度明确概括为："人民代表大会制度的根本政治制度，中国共产党领导的多党合作和政治协商制度、民族区域自治制度以及基层群众自治制度等基本政治制度，中国特色社会主义法律体系，公有制为主体、多种所有制经济共同发展的基本经济制度，以及建立在这些制度基础上的经济体制、政治体制、文化体制、社会体制等各项具体制度。"

中国特色社会主义制度符合我国国情，植根于中国社会，从我国正处于并将长期处于社会主义初级阶段的实际出发，既坚持社会主义的基本原则，又体现鲜明的中国特色；中国特色社会主义制度顺应时代潮流，立足于世界多极化、经济全球化的发展趋势，顺应和平、发展、合作的时代潮流，吸收借鉴了人类文明的优秀成果。正因为如此，中国特色社会主义制度具有巨大的优越性和强大的生命力。这一制度有利于保持党和国家活力、调动广大人民群众和社会各方面的积极性、主动性、创造性。通过经济、政治、文化、社会等各个方面的制度安排，中国特色社会主义制度最大限度地保持了党和国家的活力，最大限度地激发了广大人民群众的积极性、主动性、创造性，最大限度地凝聚了社会各方面的智慧和力量。这一制度有利于解放和发展社会生产力、推动经济社会持续快速发展。中国特色社会主义制度，创造性地把社会主义和市场经济有机结合起来，建立了充满生机和活力的社会主义市场经济体制，极大地解放和发展了社会生产力。与经济体制改革相适应，我们党不断推进政治体制、文化体制、社会体制等方面的改革，使中国特色社会主义制度更加充满生机、更加具有吸引力和凝聚力，推动了经济社会持续快速发展。这一制度有利于维护和促进社会公平正义、实现全体人民共同富裕。中国特色社会主义制度，始终以维护和促进社会公平正义、实现共同富裕、让人民群众共享改革发展成果为价值取向，并通过各种制度安排，保障人民共享改革发展成果。这一制度有利于集中力量办大事、有效应对前进道路上的各种风险挑战。中国特色社会主义制度既强调充分发扬民主，集中各方面的意见建议，充分调动各方面的积极性、主动性、创造性，又实现正确的集中，保证党和国家的决策部署得到迅速有效的贯彻执行。这一制度有利于维护民族团结、社会稳定、国家统一。中国特色社会主义制度始终把最广大人民的根本利益作为制度设计的出发点和落脚点，统筹兼顾不同民族、不同阶层、不同群体的利益，从而最大限度地增加和谐因素、最大限度地减少不和谐因素，维护了民族团结、社会稳定、国家统一。

制度不是自然的产物，更不是主观臆断的固定结论，它形成的基础是人们生产生活的丰富实践。马克思指出："在生产、交换和消费发展的一定阶段上，就会有一定的社会制度、一定的家庭、等级或阶级组织。"恩格斯也认为："生产以及随生产而来的产品交换是一切社会制度的基础。"中国特色社会主义制度的形成，其基础是我们党带领全国各族人民坚持走中国特色社会主义道路的伟大实践。实践是随着社会生产力的发展而不断动态变化的，这也就决定了任何一项制度都必须随着实践的变化而进行自我丰富和完善。

随着世情、国情的深刻变化，我国发展中不平衡、不协调问题日渐突出。制约我国发展的体制机制障碍躲不开、绕不过，这就需要我们深化改革，在全面深化改革的实践中凝聚对中国特色社会主义制度的认同。事实上，改革就是中国特色社会主义制度的自我完善和发展，改革的最终目的就是要通过破除生产关系和上层建筑中不适应生产力发展要求的体制机制障碍，解放和发展社会生产力，推动经济社会科学发展，维护和促进社会公平正义，实现全体人民共同富裕。我们的一切改革举措，都应当与改革的目的相符合而不是相背离，始终着眼于不断完善和发展中国特色社会主义制度。同时，制度建设不能固守不变，否则就不可能有真正的坚持和发展。中国特色社会主义制度是在不断改革中形成的，也必须在不断改革中完善和发展，今后一个时期要重点推进经济体制、政治体制、文化体制和社会体制改革创新。中国特色社会主义制度是一个开放体系，需要积极借鉴人类文明的有益成果，但绝不能照搬西方的制度模式。要根据世情、国情、党情的新形势新变化，着力解决那些制约科学发展的体制机制问题，着力解决发展中不平衡、不协调、不可持续的突出问题，让社会主义制度的优越性更加凸显。

改革开放的旗帜必须高高举起，中国特色社会主义道路的正确方向必须牢牢坚持。党的十八届三中全会将"完善和发展中国特色社会主义制度"作为全面深化改革首要目标，这是对注重改革的系统性、整体性、协同性的生动体现，深刻表明了改革的鲜明性质和根本任务，充分显示出我们党对于全面深化改革与坚持政治方向内在关联的清晰认识和坚定把握，这就为下一步如何更好地全面深化改革摆正了政治航向、提供了政治保障。

具体而言，党的十八届三中全会所确立的任何一项改革决策，都是要围绕巩固、完善和发展中国特色社会主义这个核心目标来展开的。而每一项改革又反过来推动了中国特色社会主义制度的不断创新和发展。比如，作为此次改革核心的经济体制改革，首先就是要坚持和完善基本经济制度，这是改革的前提和基础，也是坚持社会主义政治方向的根本要求。同时，在此基础上，加快完善现代市场体系、宏观调控体系、开放型经济体系。而这就是对中国特色社会主义制度的完善和发展。又如，深化政治体制改革，改革的前提就是要坚持党的领导、人民当家作主、依法治国的有机统一。并在此基础上，加快推进社会主义民主政治制度化、规范化、程序化，推进法制中国建设，发展更加广泛、更加充分、更加健全的人民民主。强化权力运行制约和监督体系，推动人民代表大会制度与时俱进，推进协商民主广泛多层制度化发展。建设法治中国，加快建设公正高效权威的社会主义司法制度。坚持用制度管权管事管人，构建决策科学、执行坚决、监督有力的权力运行体系，健全惩治和预防腐败体系。深化文化体制改革亦是如此。改革的根本前提和核心目标是要建设社会主义核心价值体系、社会主义文化强国。在此基础上，加快完善文化管理体制和文化生产经营体制，建立健全现代公共文化服务体系、现代文化市场体系，构建现代公共文化服务体系，提高文化开放水平。

二、推进国家治理体系和治理能力现代化

英语中的治理（governance）一词源于拉丁文和古希腊语，原意是控制、引导和操纵。20世纪90年代以来，西方学者特别是政治学家和政治社会学家，对治理作出了许多新的界定。治理理论的主要创始人之一罗西瑙在其代表作《没有政府统治的治理》和《21世纪的治理》等文章中将治理定义为一系列活动领域里的管理机制，他们虽未得到正式授权，却能有效发挥作用。罗茨认为，治理意味着"统治的含义有了变化，意味着一种新的统治过程，意味着有序统治的条件已经不同于以前，或是以新的方法来统治社会"。库伊曼和范·弗利埃特指出："治理的概念是，它所要创造的结构或秩序不能由外部强加；它之所以发挥作用，是要依靠多种进行统治的以及互相发生影响的行为者的互动。"研究治理理论的另一位权威格里·斯托克对面前流行的各种治理概念作了一番梳理后指出，到目前为止各国学者们对作为一种理论的治理已经提出了五种主要的观点。这五种观点分别是：一是治理意味着一系列来自政府但又不限于政府的社会公共机构和行为者。它对传统的国家和政府权威提出挑战，它认为政府并不是国家唯一的权力中心。各种公共的和私人的机构只要其行使的权力得到了公众的认可，就都可能成为在各个不同层面上的权力中心。二是治理意味着在为社会和经济问题寻求解决

方案的过程中存在着界限和责任方面的模糊性。它表明，在现代社会国家正在把原先由它独自承担的责任转移给公民社会，即各种私人部门和公民自愿性团体，后者正在承担越来越多的原先由国家承担的责任。这样，国家与社会之间、公共部门与私人部门之间的界限和责任便日益变得模糊不清。三是治理明确肯定了在涉及集体行为的各个社会公共机构之间存在着权力依赖。进一步说，致力于集体行动的组织必须依靠其他组织；为达到目的，各个组织必须交换资源、谈判共同的目标；交换的结果不仅取决于各参与者的资源，而且也取决于游戏规则以及进行交换的环境。四是治理意味着参与者最终将形成一个自主的网络。这一自主的网络。这一自主的网络在某个特定的领域中拥有发号施令的权威，它与政府在特定的领域中进行合作，分担政府的行政管理责任。五是治理意味着办好事情的能力并不仅限于政府的权力，不限于政府的发号施令或运用权威。在公共事务的管理中，还存在着其他的管理方法和技术，政府有责任使用这些新的方法和技术来更好地对公共事务进行控制和引导。从上述各种关于治理的定义中，我们可以看到，"治理"一词的基本含义是指在一个既定的范围内运用权威力量来维持秩序。这种权威可以来自政府、社会公共组织，抑或是来自个人。

党的十八届三中全会首次提及"推进国家治理体系和治理能力现代化"，并将其作为全面深化改革的总体目标，这代表着我们党对执政理念和执政方向的全新认识。这里的"国家治理体系和治理能力"中的"治理"与上文提及的国外政府治理理论对于"治理"的界定有相似之处，即它们都十分注重如何正确处理好政府与市场、社会的关系问题，都包含着政府与社会自治力量合作共治、共同善治的内涵和意蕴。但它们之间更多的则是不同之处，被赋予了更多的"中国色彩"。这里的"治理"，更多对应的是我们以前经常提及的"管理"一词，即这里的"治理"更多地是对管理理念和管理方式的革新。虽然仅有一字之差，却是一个很大的跨越和创新，代表着管理理念上的根本性转变，即更加注重完善制度安排，系统性解决问题，更加注重实施顶层设计、整体性解决问题，更加注重社会共同参与、协同性解决问题。

党的十八届三中全会闭幕的当晚，国家行政学院公共管理教研部宋世明教授在接受新华网采访时说，"如果说在学术上讲，给我的感觉是中国的政府治理慢慢地在从传统的公共行政迈向公共管理"。2013年11月14日《人民日报》发表的评论员文章《把握全面深化改革总目标——二论认真贯彻落实十八届三中全会精神》指出，国家治理体系指的是在党领导下管理国家的一系列制度体系的综合，这一体系中囊括经济、政治、文化、社会、生态文明和党的建设等涉及中国特色社会主义总体布局各领域的体制机制、法律法规安排，是一整套紧密相连、相互协调的国家制度；国家治理能力则是指运用国家制度体系管理社会各方面事务的能力，这些事务涉及改革发展稳定、内政外交国防、治党治国治军等不同领域、各个方面。国家治理体系与国家治理能力绝非彼此独立的，而是一个彼此联系、相辅相成、有机统一的整体，只有治理体系搭建好了，治理能力才能提高；也唯有治理能力提高了，治理体系才能充分发挥效能。这二者集中体现了国家制度和制度执行能力。党的十八届三中全会将其纳入全面深化改革的总目标，是完善和发展中国特色社会主义制度的必然要求，同样也是实现社会主义现代化的应有之义。

到底如何才能治理好社会主义社会这样一个全新的社会，是一项前无古人的崭新事业，没有任何模板可以照搬、没有任何先例可以遵循。马克思、恩格斯未能进行这方面的实践，包括苏联等原来的社会主义国家也没能很好地解决好这一问题。从完善社会主义市场经济体制到形成中国特色社会主义法律体系，从实行基层群众自治到创新社会管理制度，从扩大基层民主到建立现代社会组织体制……在治理社会主义国家的探索历程中，我们积累了丰富的经验、取得了丰硕的成果。当前，我国政治稳定、经济发展、社会和谐、民族团结的局面，说明我们的国家治理体系和治理能力总体上是好的，是适应我国国情和发展要求的。这也就为我们下一步推动国家治理体系和国家治理能力现代化的实现奠定了坚实基础。

提出国家治理体系和治理能力现代化的总体目标，言外之意，就是我们当前的国家治理体系和治理能力还不够现代化。确实，较之于经济社会发展的全新要求，较之于人民群众的崭新期待，较之于日趋激烈的国际竞争，我们还有很多值得进一步完善和发展的地方。特别是，在改革步入攻坚期、深水区和险滩地带后，原有的国家管理体系和国家管理能力显得越发地捉襟见肘和力不从心。如何正确处理好政府与市场、社会的关系，实现社会合作治理？如何通过转变方式，谋求全面协调可持续发展？如何处理好改革发展稳定三者间关系，以确保现代化进程的连续性？如何在提高效率的同时，满足人民对公平正义的需求？这些被习近平总书记称为"硬骨头"的改革难题，无疑对我们党和国家的管理体系和管理能力提出了更加苛刻的要求。而只有以国家治理体系和治理能力的现代化作为总目标、总抓手，才能增强改革系统性、整体性、协同性，加快发展社会主义市场经济、民主政治、先进文化、和谐社会、生态文明，让一切劳动、知识、技术、管理、资本的活力竞相迸发，让一切创造社会财富的源泉充分涌流，让发展成果更多更公平惠及全体人民。

对于国家治理体系和治理能力现代化，我们可以从以下两个维度来理解，第一个维度，从权力的来源、权力的行使、权力的制约三个方面来看，权力来源于人民，通过历史性的选择与阶段性的选举不断确保权力始终属于人民，进而保证权力在授予国家机关后能够坚守原则与底线，依据宪法法律赋予的责任始终为人民服务，一旦权力背离初衷，那么就需要制约权力的力量。正如党的十八届三中全会所强调的那样："坚持用制度管权管事管人，让人民监督权力，让权力在阳光下运行，是把权力关进制度笼子的根本之策。"显然，打造这样的制度笼子就是推进国家治理体系现代化的过程。治理能力的现代化就是国家机关行使权力符合宪法法律和现代政治文明规范，这也是不断调整和修正的过程。于政府而言，最关键的治理能力就是依法行政的能力，"法无明文授权即禁止"。而在现实中，一些地方政府因为无权行政、越权行政导致了不少社会矛盾激化，既侵害了群众的合法利益，也损害了政府公信力。这就说明治理的现代化既有迫切性也有必要性，而治理水平也将成为评价各级政府官员的重要指标。从另一个维度来理解，政府、市场和社会三者的关系应该是有机统一的，但在现实中存在市场的手装在政府身上，以及政府与社会的两个车轮一大一小等问题。国家治理体系和治理能力的现代化就意味着调整这三者的关系，正如全会指出的："经济体制改革是全面深化改革的重点，核心问题是处理好政府和市场的关系，使市场在资源配置中起决定性作用和更好发挥政府作用。"一旦发生政府有错位的问题，就应该像李克强总理所说的："把错装在政府身上的手换成市场的手。"当然，这个过程需要简政放权，需要自我革命，可能会遭遇既得利益集团的阻力，但是这符合社会发展潮流的，必须有壮士断腕的勇气与魄力。同样，在政府、社会双轮驱动中国前进的格局下，两个车轮存在大小、转速不统一的问题，也需要逐步调整。党的十八届三中全会作出的《中共中央关于全面深化改革若干重大问题的决定》明确提出："激发社会组织活力。正确处理政府和社会关系，加快实施政社分开，推进社会组织明确权责、依法自治、发挥作用。适合由社会组织提供的公共服务和解决的事项，交由社会组织承担。支持和发展志愿服务组织。限期实现行业协会商会与行政机关真正脱钩，重点培育和优先发展行业协会商会类、科技类、公益慈善类、城乡社区服务类社会组织，成立时直接依法申请登记。加强对社会组织和在华境外非政府组织的管理，引导它们依法开展活动。"这表明，尽管政府仍然是社会治理的主体，依然要在社会治理中发挥主导作用，但是，包括社会组织在内的社会力量的多方参与治理，也逐步被中央高层所关注。这在党的十八大以后的重大决策中便可见一斑。党的十八大报告首次明确提出了建立政社分开、权责明确、依法自治的现代社会组织体制的改革目标，并且提出社会组织应该参与社会服务。而2013年新一轮国务院机构改革和职能转变方案，更是对社会组织管理体制展开实打实的改革，降低社会组织注册门槛，为社会组织发展创造一个更加宽松的制度环境。不止于此，政府部门还更多地向社会组织购买服务，让社会组织参与和提供更多的公共服务。党的十八届三中全会进一步拓宽了社会组织的发展空间，强调了社会组织应该参与社会治理，预防和化解社会矛盾。

我们还可以从国家安全委员会设立的维度来理解。当前，我国全面深化改革面临着两大困境，一是社会矛盾日趋激化，已经"不能回避"，二是部门之间利益协调难度日趋加大，改革的阻力甚至来自改革者本身。这就要求从更高的层面领导和筹划改革。此次中央决定设立国家安全委员会，就是为了克服这一困境。党的十八届三中全会在延续过去数年社会管理创新和安全体系建设思路的同时，令人瞩目地在社会领域改革中，提出将"设立国家安全委员会"，完善国家安全体制和国家安全战略，确保国家安全。2013年年中以来，外界对这一机构的设置提出过各种方案，引起海外媒体关注。从这一机构设立所属领域来看，其与中央军委和国务院下辖公共安全决策机构职能有较大区别，具备较强的公共事务性特征。对于中国"国家安全委员会"的性质，此次全会公报中提到的"完善国家安全体制和国家安全战略"，即是国家安全委员会的核心职能所在。这预示着新一代中央领导集体关于国家安全的战略思路的逐步显现。国家安全委员会从国家治理和社会治理的高度，建立跨部门的合作，便于统一协调和配置行政、军事、社会资源，有利于协调体制内各部门乃至各种利益团体，从而实现全面推动改革的效果。一位要求匿名的中国战略军事专家对记者表示，"统筹""协调""高效""快速"是刚刚成立的国家安全委员会的特点。而这恰恰体现了国家治理体系和治理能力现代化的崭新要求。

无论是对社会治理方式的改进，还是对社会组织活力的激发，抑或是对国家安全体制和战略的完善，这些都是实现推进国家治理体系和治理能力现代化这一总体目标的实实在在的具体举措，而且代表着今后一段时期国家治理体系和治理能力现代化的发展方向。可以说，透过这些重大决策的演进过程，无不折射出我们党对如何处理好政府与社会关系认识的愈加明确，对改革系统性、整体性和协同性认识的愈加清晰，对如何治理国家认识的愈加到位。

一个国家的现代化，离不开治理现代化。实现社会和谐稳定、国家长治久安，还是要靠制度，靠我们在国家治理上的高超能力，靠高素质干部队伍。主动适应时代变化，既改革不适应实践发展要求的体制机制、法律法规，又不断构建新的内容，才能使各方面制度更加科学、更加完善，实现各项事务治理制度化、规范化、程序化。增强按制度办事、依法办事意识，善于运用制度和法律治理国家，才能把制度优势转化为管理国家的效能，提高科学执政、民主执政、依法执政水平。认真贯彻落实三中全会精神，各级领导干部尤须把握好这个总目标，从各个领域推进治理体系和治理能力现代化，更好发挥中国特色社会主义制度的优越性。21年前，邓小平曾鲜明地提出，再有30年的时间，我们才会在各方面形成一整套更加成熟更加定型的制度。今天，中国站在改革开放的新起点上，从国家治理的角度提出长远目标可谓正当其时。向着这一目标奋力前行，中国改革的航船一定能劈波斩浪，带领13亿人民迈向社会主义现代化的新航程。

三、推进"五位一体"的社会主义现代化建设

党的十八大报告明确指出："全面落实经济建设、政治建设、文化建设、社会建设、生态文明建设'五位一体'总体布局，促进现代化建设各方面相协调，促进生产关系与生产力、上层建筑与经济基础相协调，不断开拓生产发展、生活富裕、生态良好的文明发展道路。""五位一体"布局的形成，是实践推动和理论创新的结果，是顺应时代潮流和人民期待的结果。"五位一体"使中国特色社会主义事业的发展方略更加完善、发展目的更加明确、发展内涵更加丰富、发展道路更加广阔，为未来我国经济社会又好又快前行，提供了重要遵循。党的十八届三中全会全面规划了经济、政治、文化、社会、生态文明以及国防和军队改革、党的建设制度改革，以此推进"五位一体"的社会主义现代化建设。

20世纪80年代初，邓小平提出了"两手抓、两手都要硬"的战略方针。在此战略思想指导下，我们党提出社会主义现代化建设总体布局的思想，并在不断总结社会主义现代化建设实践经验基础上逐步完善和发展这一总体布局。1986年，中国共产党第十二届中央委员会第六次全体会议通过的《中共中央关于社会主义精神文明建设指导方针的决议》明确指出，我国社会主义现代化建设的总体布局是：以经济建设为中心，坚定不移地进行经济体制改革，坚定不移地进行政治体制改革，坚定不移地加强精神文明建设，并且使这几个方面互相配合，互相促进。由此形成经济建设、政治建设和文化建设这三位一体的总体布局。以党的十六届四中全会提出构建社会主义和谐社会为标志，我们党对中国特色社会主义事业总体布局的认识又有了新的发展。2005年2月19日，胡锦涛在省部级主要领导干部提高构建社会主义和谐社会能力专题研讨班上的讲话中指出，构建社会主义和谐社会的提出表明随着我国经济社会的不断发展，中国特色社会主义事业总体布局，更加明确地由社会主义经济建设、政治建设、文化建设三位一体发展为社会主义经济建设、政治建设、文化建设、社会建设四位一体。党的十七大是从新的四位一体总体布局上提出实现全面建设小康社会目标的新要求。党的十八大报告，又把生态文明建设摆在中国特色社会主义事业总体布局的高度，明确提出"五位一体"的战略部署。

从"两手抓"到"三位一体"到"四位一体"再到十八大提出的"五位一体"，中国特色社会主义事业总体布局在发展中不断演变，从追求经济的现代化，发展到包涵经济、政治、文化、社会、生态文明建设在内的更为全面的现代化，我国现代化建设进入全面推进、全面协调，更加具有中国特色的新阶段。它标志着我们党对社会主义现代化建设规律和人类发展规律的认识进一步深化，凸显了科学发展观的本质和特点，顺应了各族人民过上美好生活的新期待，体现了我们党治国理政的新境界。

生态文明建设的纳入，进一步完善了中国特色社会主义总布局。经过35年持续快速发展，资源约束趋紧、环境污染严重、生态系统退化等问题，对我国提出了新的挑战。党的十八大报告中明确提到要"建设美丽中国"、"给子孙后代留下天蓝、地绿、水净的美好家园"，富有诗意的描述、温暖而又形象的理念使人精神一振、耳目一新。把生态文明建设放在突出地位，标志着我国现代化建设理念的根本转变。中国特色社会主义，既是经济发达、政治民主、文化先进、社会和谐的社会，也应该是生态环境良好的社会。只有把生态文明建设的理念、原则、目标等深刻融入和贯穿到经济、政治、文化、社会建设的各方面和全过程，才能全面推进现代化，为人民创造良好生产生活环境。坚持"五位一体"，在实现当代人利益的同时，给后代留下天蓝、地绿、水净的美好家园，这是我们党对中华民族的庄严承诺，也是我国人民的幸福期待。

第五讲
全面深化改革的五个重大关系

全面深化改革涉及经济、政治、文化、社会、生态、国防和军队、党建各个领域、方方面面，是一项复杂而综合的系统工程。这就需要我们从纷繁复杂的改革进程中找准实质性的脉搏，掌握全面深化改革的内在逻辑和运作规律，特别是要把握全面深化改革的重大关系。"处理好解放思想和实事求是的关系、整体推进和重点突破的关系、顶层设计和摸着石头过河的关系、胆子要大和步子要稳的关系、改革发展稳定的关系"，这是习近平总书记在湖北调研时强调的全面深化改革必须把握的"五个重大关系"。这是我们平稳走过改革攻坚期和"深水区"的战略思考，是把改革创新精神贯彻到治国理政各个环节的工作原则。这"五个重大关系"同时也为全面深化改革确立了基本遵循。

一、解放思想和实事求是的关系

35年前，邓小平曾说："一个党，一个国家，一个民族，如果一切从本本出发，思想僵化，迷信盛行，那它就不能前进，它的生机就停止了，就要亡党亡国。"如果说，改革开放是我国的第二次革命，那么解放思想就是这一革命的先声。改革开放的过程，就是解放思想的过程。什么叫解放思想？解放思想就是在马克思主义指导下打破习惯势力和主观偏见的束缚，研究新情况，解决新问题。简单地说，就是从"习惯势力""主观偏见"等各种不符合实际的错误思想中解放出来。改革开放以来，解放思想的内容经历了从"两个凡是"的教条主义中解放出来，从"姓资姓社"的困惑中解放出来，从"姓公姓私"的争执中解放出来。

经历了35年波澜壮阔的改革，在新的时代背景下，在全面深化改革的征程上，我国仍然需要以解放思想为先导，仍然需要新的思想来引领。加快转变政府职能，取决于对政府和市场关系与时俱进的把握；清除市场壁垒，有活跃的思想、开放的思维就有更好的办法；提高资源配置效率，创新思想观念无疑是先导之策。正如习近平总书记在《关于〈中共中央关于全面深化改革若干重大问题的决定〉的说明》中指出的那样："要有新突破，就必须进一步解放思想。冲破思想观念的障碍、突破利益固化的藩篱，解放思想是首要的。在深化改革问题上，一些思想观念障碍往往不是来自体制外而是来自体制内。思想不解放，我们就很难看清各种利益固化的症结所在，很难找准突破的方向和着力点，很难拿出创造性的改革举措。因此，一定要有自我革新的勇气和胸怀，跳出条条框框限制，克服部门利益掣肘，以积极主动精神研究和提出改革举措。"

解放思想不是闭门造车的主观想象，也不是脱离国情的异想天开，更不是毫无章法的莽撞蛮干。解放思想的目的在于更好地实事求是。《中共中央关于全面深化改革若干重大问题的决定》指出："全面深化改革，必须立足于我国长期处于社会主义初级阶段这个最大实际，坚持发展仍是解决我国所有问题的关键这个重大战略判断，以经济建设为中心，发挥经济体制改革牵引作用，推动生产关系同生产力、上层建筑同经济基础相适应，推动经济社会持续健康发展。"

全面深化改革，需要坚持解放思想和实事求是的有机统一。解放思想是"破"，破除错误的思想；实事求是是"立"，树立正确的思想，他们是同一个过程的两方面，因而是统一的。只有解放思想，才能达到实事求是；做到了实事求是，才是真正的解放思想。没有思想的解放，本本主义、教条主义盛行，就没有实事求是；解放思想的目的在于实事求是，离开实事求是，脱离了客观实际，脱离了群众实践，不是真正的解放思想。不解放思想，不敢试，不敢闯，就会因循守旧，故步自封；不实事求是，胡思乱想，就会偏离正确的方向。只有一切从基本国情出发，从实际出发，从人民群众的利益出发，既大胆探索又脚踏实地，这样才能保证我们遵循事物发展的内在规律，保持历史前进的正确方向。

二、整体推进和重点突破的关系

35年前，"联产承包"推动农村发展，布下一盘改革大棋；20世纪90年代，"放开搞活"激发了全社会活力，带来全方位进步；党的十八大以来，强调破除思想观念和体制机制弊端，构建系统完备、科学规范、运行有效的制度体系，大大拓展了改革的广度和深度。可以说，整体推进与重点突破相结合，是我国改革的一条重要经验，需要长期坚持。

改革是全面的改革。作为一场深刻而全面的社会变革，改革涉及政治、经济、文化、社会和生态环境等方方面面，领域广泛，任重道远。回顾改革开放35年的历程，我国的改革本身就是循着从易到难、从局部到全局、从增量到存量的顺序展开。渐进式的改革之路上，我国经济社会发展已进入全新阶段，进入改革的攻坚期和"深水区"。随着改革不断深入，各个领域各个环节改革的关联性和互动性明显增强，每一项改革都会对其他改革产生重要影响，每一项改革又都需要其他改革协同配合。在这种情况下，改革如果不整体推进、统筹兼顾，某一领域就可能成为"短板"，拖了后腿，从而很难实现改革的预期目标。坚持以整体推进深化改革，避免头痛医头、脚痛医脚，是我国经济社会发展到现阶段的必然要求。

但是，整体推进不是不分主次、不分重点。整体推进不是平均用力、齐头并进，而是要注重抓主要矛盾和矛盾的主要方面，注重抓改革的关键环节。从改革全局来看，重点领域"牵一发而动全身"，关系到改革大局，是改革的重中之重；关键环节"一子落而满盘活"，关系到改革成效，是改革的有力支点。以这些重点领域和关键环节为突破口，可以对全面改革起到牵引和推动作用。

当前，我们身边的现实已经很能说明问题。缺乏整体推进，户籍藩篱不破除、公共服务不均等、福利沟壑不填平，农民工就融入不了城市；工资制度、税收调节、分配秩序、公共财政创新不协同，收入分配改革必然步履维艰；法制规范、职能整合、信息公开不到位，食品安全就还会出现"七八个部门管不了一只鸡，十几个单位管不好一桌菜"的怪事。如果回避这些矛盾，打不开解决问题的突破口，既会耽搁改革大业，又会辜负社会期待。我们还看到，平均用力、遍撒胡椒面，缺乏重点突破，不仅改革现实不允许，老百姓也不答应。突破财税体制、金融体制、社会管理体制这些"一子落而满盘活"的关键领域，才能撬动改革进程，激发发展活力。对于收入分配、医疗、教育、社保、三公消费等社会普遍焦虑、老百姓反映强烈的问题，必须成为改革的着力点。重点领域、关键环节说到底就是改革的难题，不仅要改，还要改到关键，改到痛处，改得彻底，看得见效果，经得起检验，从而为下一步的改革，为其他领域的改革打通阻滞、消除障碍。

"没有重点就没有政策"，要"学会'弹钢琴'"，"要十个指头都动作"，同时"要有节奏，要互相配合"，是毛泽东关于领导艺术和工作方法的名言。全面深化改革也要以科学辩证的思维，统筹好整体推进和重点突破的有机统一关系，既要以重点突破带动整体推进，又不能只抓重点而丢弃整体。只追求整体推进，难以迅速取得实效；只强调重点突破，没有其他方面的配合跟进，重点就难以突破。因为"不谋全局者，不足以谋一域"。即使有突破，也是"孤军深入"，难以获得我们所期待的最终胜果。改革攻坚期、"深水区"，把握好整体推进和重点突破的辩证法，至关重要。

改革开放只有进行时没有完成时，意味着改革愈往深处推进，就愈需要改革决心和改革方法的共同作用和相互促进。只谈方法路径，鼓不起勇气，斩不断羁绊，改革就是纸上谈兵；决心满满，方法不科学，简单加蛮干，也难免会壮志难酬。一些地方改革久议不决，一些部门改革决而不行，一些领域改革行而不果，莫不与此有关。讲究整体推进和重点突破的方法论，其根本方向和根本目标，就是以宽阔的视野、科学的谋划，打一场有信心、有准备、有把握的改革攻坚战。当此中流击水之际，改革要敢于啃硬骨头、敢于涉险滩。不管是整体推进还是重点突破，都既需要改革的决心和勇气，也需要改革的智慧和技巧。勇于突破思想观念上的障碍，勇于突破利益固化的藩篱，整体推进、重点突破，改革巨轮才能驶入更为开阔的水域。

正是基于这样的认识，《中共中央关于全面深化改革若干重大问题的决定》的定位是全面深化改革。与此同时，坚持问题导向原则，把经济体制改革作为全面深化改革的重点，发挥其对其他领域改革的"火车头"牵引作用。15个改革任务中，6个是经济，生态文明体制也与经济密切相关。经济占了所有改革任务近一半。这正如习近平总书记在《关于〈中共中央关于全面深化改革若干重大问题的决定〉的说明》中所说的那样："抓住重点，围绕解决好人民群众反映强烈的问题，回应人民群众呼声和期待，突出重要领域和关键环节，突出经济体制改革牵引作用。"

三、顶层设计和摸着石头过河的关系

在我国改革开放初期，由于缺少可以借鉴的经验和教训，改革的基本思维就是邓小平后来总结的"摸着石头过河"，先在个别地区、局部领域试点，然后在总结经验和教训之后，再对政策进行调适后向全国推广。邓小平曾经说过："农村搞家庭联产承包，这个发明权是农民的。农村改革中的好多东西，都是基层创造出来，我们把它拿来加工提高作为全国的指导。"事实上，许多政策或创新性措施都是在获得了来自基层的经验之后才做出的。

我国的改革是从经济体制改革开始的，经济体制改革又是从农村先起步的，而农村改革又以实行家庭联产承包责任制和废除人民公社制度为突破口。35年前，小岗村的18家农户为了能吃饱饭，"不在（再）向国家伸手要钱要粮"（契约原文），率先实行了"包产到组、包产到户"。他们写下的这段历史，拉开了我国农村经济改革乃至整个改革的序幕。中共中央、国务院先后出台了《关于进一步加强和完善农业生产责任制的几个问题》《关于积极发展农村多种经营的报告》《当前农村经济政策的若干问题》等文件，提出了一系列的农村改革措施。农村改革以家庭联产承包制的实行和推广为最基本标志，尔后乡镇企业异军突起，农村劳动力的转移，小城镇的兴旺，农业现代化等，展现出一幅生机勃勃的社会主义新农村图景。我国农民占人口的绝大多数，农村改革适合中国国情，极大地调动了农民的积极性，解放了农村生产力，农业连年增产。我国以世界7%的耕地养活了世界22%的人口，这确实是一个了不起的成绩。

农村改革成功以后，到20世纪80年代中期，才向以城市为重点的全面经济体制改革推进。1984年10月，党的十二届三中全会通过了《中共中央关于经济体制改革的决定》，提出推动以城市为重点的经济体制改革，改革的中心是增强企业活力，使改革进一步深入城市，并首次提出发展社会主义商品经济。自此，改革从农村走向城市，经济体制改革进入了全面展开阶段。1986年12月国务院发出《深化企业改革增强企业活力的若干规定》，1987年国有大中型企业普遍推行了承包经营责任制，1992年7月国务院公布《全民所有制工业企业转换经营机制条例》，明确了企业经营权、企业自负盈亏责任、企业和政府的关系等问题。同时，在1984年就开始股份制试点的基础上，1992年4月28日，国务院批转了国家体改委、国务院生产办《关于股份制企业试点工作座谈会情况报告》，要求股份制试点要朝着规范化的方向发展。从放权让利、利改税到推行企业承包责任制和股份制试点，对企业改革进行了一系列坚持不懈的探索，取得一定成效，积累了相应的经验。

1987年，党的十三大把政治体制改革提到了议事日程，我国改革的重点逐渐从经济领域扩展到政治、科技、教育及其他社会生活领域，改革由点到面全面展开。

通过上面的分析我们可以看出，"摸着石头过河"这一改革思维在改革初期面临人口、资源、资金、技术和国际社会多重压力下，为改革的顺利展开和推进提供了一条渐进式的发展道路，减少了诸多改革阻力，并使改革少走了许多弯路，在全国范围内都取得了巨大的改革成功。这一适合中国当时国情而提出的新思维，使改革能顺利从安徽小岗、深圳沿海经济特区向全国推进，进而推动了其他一系列领域的诸多改革。

经过35年的摸索和适应，我们已经逐渐学会了用市场的手段配置资源，用法治的方式治国理政，用通行的规则参与国际事务。改革进入"深水区"，下一步怎么改？改革中的问题，只能用改革的办法来解决。应对当前我国发展面临的一系列矛盾和挑战，关键在于全面深化改革。这一点已是基本共识。但深化改革的路怎么走，答案可能会千差万别。我国是一个发展中的大国，决不能在根本性问题上出现重大错误。习近平总书记视察湖北时指出，加强顶层设计和摸着石头过河，都是推进改革的重要方法。在全面深化改革中，必须处理好这一重要关系。

"不谋全局者不足谋一域，不谋万世者不足谋一时。（习近平总书记在《关于〈中共中央关于全面深化改革若干重大问题的决定〉的说明》中的引用语，见

2013年11月16日《人民日报》）"改革是一场深刻的革命，提高改革决策的科学性、连续性和可行性，离不开统筹谋划，在战略思考的基础上进行顶层设计。这些年来，改革不断向前推进，但在一些领域，难以上升到宏观层面，难以向纵深发展。有的地方和领域，单兵突进，没有系统整体谋划，缺乏配套协调。这些现象的存在，都要求我们强化改革顶层设计和总体规划，确保改革措施的公平性和利益最大化。改革又是一个复杂的系统工程，确保各个子系统之间的协调和互动至关重要。无论是收入分配制度改革，还是加快经济结构调整，无论是推进城镇化进程，还是建设更加体现公平正义的社会保障体系，都涉及国家、企业、居民间利益格局的调整，涉及城乡、地区、行业间利益格局的调整，涉及中央、地方利益格局的调整，涉及经济基础和上层建筑的整体建构，需要更高层次的统筹协调，使改革更加科学系统，富有成效。

"顶层设计"并不是一个新名词。据有关专家表述，这是源于自然科学或大型工程技术领域的一种设计理念和方式，属于系统论的范畴，现在则是被借鉴到社会科学领域。"顶层设计"是相对于底层设计而言的，原本是指工程师们为了完成某一项工程，运用系统论的方法，以全局的视野，对工程的各方面、各层次、各功能、各要素统筹兼顾，规避可能发生的风险，使理论与实践实现统一，并采用最经济的路径，完成最艰巨的工程项目。比如，要完成某一项大工程，就要实现理念一致、功能协调、结构统一、资源共享、部件标准化等系统论的方法，从全局视觉出发，对项目的各个层次、要素进行统筹考虑。又比如，一般公寓楼的最顶层的性质是"阁楼"，即楼房顶层的附属建筑，它不同于下面的房子，是不能办理产权证的。如果开发商申请建设一个六层的楼房，它的阁楼就是第七层，但原则上该楼房还是一栋六层的建筑。一至六层是有独立产权的，第七层（阁楼）不能办理独立产权，如此一来单独出售阁楼就变得不合法或不稳妥。所以，开发商便把第六层和阁楼连成一体，变成两层的复式楼，或是买六楼送阁楼或是打折购买阁楼。这样一来开发商就可以多卖一层房了。可见，顶层设计就是一个总体规划的具体化，有了这个设计之后，才谈得上其他。如果光有规划，缺乏具体的实现手段的话，则在总体规划之下很可能又造成各自为政、分兵把口的局面，造成资源难以共享，信息难以互联互通的后果。第二次世界大战前后，这一工程学概念被西方国家广泛应用于军事与社会管理领域，是政府统筹内外政策和制定国家发展战略的重要思维方法。中国共产党在《中共中央关于制定国民经济和社会发展第十二个五年规划的建议》中将"顶层设计"引入改革的理念之中，以此来对中国未来的改革道路进行设计与规划，赋予了"顶层设计"新的时代内涵，意义非同寻常。

强调加强改革的顶层设计，至少包括两个紧密相连的特定内涵：其一，指设计机构的最高层，即中央政府。"顶层设计"便涉及由中央政府出发进行的、自上而下的系统化设计。既要解决中央政府、地方政府、各利益团体与人民群众的关系，又要解决好政府与市场、国内与国外的关系问题。"顶层设计"就是强调这一切工作都由最高层的中央政府开始的系统工程，而非"头疼医头，脚疼医脚"的零敲碎打。其二，指设计水平的最高层。顶层设计的对象是一切工作的总体性、根本性、长期性依据，是从最高层次进行的全面设计，立足长远，不同于某个地区、某级政府或是自下而上式的改革思路。强调的是最关键、最根本、最基础、最重要的制度性变革，是其他改革工作的指导和前提。把这两层次归结到一点，就是深入贯彻落实科学发展观，统筹改革与发展的全局，为未来中国社会的发展谋划新的"蓝图"。

强调顶层设计，绝不是否定摸着石头过河的重要性。改革开放之初，没有现成的经验可学，没有现成的道路可走，以邓小平为代表的共产党人，选择了渐进式的路径——摸着石头过河。对于那些必须取得突破，但一时还不那么有把握的改革怎么办，那就采取试点探索、投石问路，先行先试，尊重实践，尊重创造，鼓励大胆探索，勇于开拓，取得经验，形成共识，看得准了，再推开。而且我们始终面对的是未知世界，我们是在不断逼近真理，但是我们永远不可能穷尽真理。事物不是绝对的，都是相对的，都是不断完善的过程，都是在探索、摸索中前行。正是从这个意义上说，那种认为我们前一个阶段是摸着石头过河，现在已经是心明眼亮的说法，是不可取的；或者认为我们现在已经有潜水艇了，不需要摸着石头过河了，也是不可取的。摸着石头过河，实质是摸规律，从实践中获得真知。这个办法，过去适用，今天依然没有过时。我们仍要遵循"实践出真知"的原则，尊重群众的首创精神，鼓励基层大胆试、大胆闯，从实践中找思路、创新路、出经验。从这些年的情况看，不论是上海市率先推行的增值税扩围试点、国有资本逐渐退出竞争性行业，还是广东先行试水的"非禁即入"式工商登记制度、民间组织无主管登记制，都为整体改革提供了重要经验。

推向纵深的改革没有成例可循。直到今天，我们依然不能说完全掌握了改革和发展的规律。那种执一御万的想法和设计，是不现实的。摸着石头过河和加强顶层设计有机统一于中国特色社会主义规律性认识之中，是全面深化改革的重要法宝和有力武器。党的十八届三中全会将市场在资源配置中起"基础性"作用修改为"决定性"作用，这是坚持顶层设计与摸着石头过河辩证统一最具说服力的事例印证。正如参与起草党的十八届三中全会《决定》的中央财经领导小组办公室副主任杨伟民所评价的那样："从'基础'到'决定'，两个字的改变，意义十分重大，是《决定》最大亮点和重大理论创新。这是我国社会主义市场经济内涵'质'的提升，是思想解放的重大突破，也是深化经济体制改革以及引领其他领域改革的基本方针。"

顶层设计，不是坐在办公室里闭门造车，而是建立在深入调查研究的基础上。没有基层实践的摸索和经验总结，再好的顶层设计也可能脱离实际，"水土不服"，甚至走弯路、入歧途。一些地方看到新生事物就头脑发热赶紧推，结果欲速则不达，造成不可挽回的后果。因此，顶层设计要力求完善、慎重，试点有了实践成果，看准了再稳慎推开，最大限度地减少改革的系统性风险。摸着石头过河，不是脚踩西瓜皮，滑到哪里算哪里。在大胆试验、大胆突破时，心中要装着全局，以顶层设计的相关理念来引领实践，在探索中再加深对理念、规律的认识。我们尤其要满腔热忱地关注基层实践，不断吸收有益的营养，为顶层设计的完善、优化提供更多依据。

今天的改革，需要回答为谁改、改什么、怎么改的问题；需要向人们说明摸着石头过河之后，河对岸的图景；需要给予多元利益以表达机制、协调机制，凝聚差异格局之下的认同感；需要勾勒何谓国人眼中的美好生活、理想社会；需要向世界说明中国立场，体现大国担当。这是现阶段深化改革无法回避的问题，需要运用新的方法来破题。顶层设计和摸着石头过河的辩证统一是重要的方法，只有不断加强宏观思考、顶层设计，改革才会更具系统性、整体性、协同性；只有继续鼓励大胆试验、大胆突破，改革才会不断推进、走向深入。

四、胆子要大和步子要稳的关系

从某种意义上说，改革也是一场革命，畏首畏尾，前怕狼后怕虎，很难取得成功；同时改革又是"一个大试验"，面对复杂的国情，必须科学决策，稳中求进。正因如此，习近平总书记在《关于〈中共中央关于全面深化改革若干重大问题的决定〉的说明》中指出，全会决定起草，突出了5个方面的考虑。其中很关键的一条就是要坚持积极稳妥，设计改革措施胆子要大、步子要稳。改革举措当然要慎重，要反复研究、反复论证，但也不能因此就谨小慎微、裹足不前，什么也不敢干、不敢试。搞改革，现有的工作格局和体制运行不可能一点都不打破，不可能都是四平八稳、没有任何风险。只要经过了充分论证和评估，只要是符合实际、必须做的，该干的还是要大胆干。

党的十八大明确提出，要全面深化改革开放，以更大的政治勇气和智慧，不失时机深化重要领域改革。这是体制"深水区"的改革，要"破坚冰""啃硬骨头"。进入改革的新阶段，多元诉求的冲突，利益固化的羁绊，体制惯性的阻力，都会以不同的形式表现出来，考验着改革者的勇气和智慧。困难面前勇者胜。改革面临的矛盾越多，难度越大，越要坚定与时俱进、克难攻坚的信心，越要有进取意识、进取精神、进取毅力，越要有明知山有虎偏向虎山行的勇气。经验证明，如果面对困难不敢过河，怎么会有当初的联产承包、放开搞活？如果不啃硬骨头、不敢涉险滩，今天的改革怎能向纵深推进？又怎能有新成就、新突破？

今天我们强调"胆子要大"，就是克服瞻前顾后、小富即安的消极思维，就是在呼唤无私无畏、敢于担当的决心和勇气。只要对国家富强、民族振兴、人民幸福有利的事情，就要大胆地试、大胆地闯；只要是妨碍科学发展、社会和谐的思想观念障碍和体制机制弊端，就要坚决地破、坚决地改。无论经济转型升级，还是政府职能转变，深化改革既要冲破思想观念的障碍、革除体制机制的弊端，更要直面利益关系的调整、突破利益固化的藩篱。在这样的背景下，倘若患得患失、谨小慎微、左顾右盼，经济社会发展中积累的一些深层次矛盾和问题，不仅不能得到解决，还会因此积重难返，影响整个改革发展稳定大局。

强调改革的大胆，绝不意味着要蛮干。事物发展必然经历时空的演进，改革也不例外。很多事情都是春华秋实，经历一个物质积累的过程。说北方的大米好吃，在于日照时间长；说土鸡好吃，是因为自然散养，生长周期长。不尊重事物发展的渐进规律，不付出必要的时间成本，该有的过程大大缩减，必然增加困难和矛盾，反而代价更大，有时还得返回来重新走，欲速则不达。所以，发展也好，改革也好，既要目标坚定也要有耐心，既要快也不能太急。对改革而言，能改的，坚决改、马上改；时机一时不成熟的，先局部试点，积累经验，为更大规模的改革创造条件，最终顺其自然、瓜熟蒂落、水到渠成。事实上，从一开始，我国改革就走了一条从实际出发的渐进改革之路。安徽小岗村土地承包经营的探索、广东小渔村经济特区的试验、以党内民主带动人民民主的实践，我国改革遵循的是先易后难的务实路线，坚持的是由点及面的稳步推进。改革的目标是解决实际问题，而不是空喊口号，更不是推倒重来。面对"牵一发而动全身"的复杂现实，面对发展的阶段性特征，改革来不得一蹴而就的"浪漫"和有勇无谋的鲁莽。

在这个意义上，不管是"闯"的精神，还是"冒"的勇气，都要沿着正确方向，都要从实际出发、讲究科学性。胆子要大与步子要稳，从来都是辩证的统一。没有勇气，胆子不大，改革就会寸步难行；没有智慧，步子不稳，改革又会矛盾重重。不管是"闯"的精神，还是"冒"的勇气，都要沿着正确方向，都要从实际出发、讲究科学性。改革的每一项重大决策和试验，都需要进行广泛深入的调查研究，进行严格科学的充分论证。对于一些重大改革不可能毕其功于一役，可以提出总体思路和方案，但推行起来还是要稳扎稳打，通过不断努力，逐步达到目标，积小胜为大胜。正所谓："图难于其易，为大于其细。天下难事，必作于易；天下大事，必作于细。（老子《道德经》第六十三章）"改革有勇气，国家就有朝气；改革有担当，民族就有希望。既强调勇气和使命担当，又讲究方法和统筹，我们就能使改革大业一步一步推进、一步一步突破。

五、改革、发展、稳定之间的关系

改革、发展、稳定的关系，是总揽全局的首要的基本关系，处理好三者之间的关系，集中体现了党的"一个中心、两个基本点"的基本路线的要求。"改革是中国的第二次革命"，"发展才是硬道理"，"稳定压倒一切"。邓小平当年的这些论断，指明了改革发展稳定与现代化建设的辩证关系，今天已经是人人皆知的"大道理"。然而，怎样把"大道理"付诸实践却并不是一件容易的事情。

作为中国特色社会主义的三个重要支点，改革发展稳定三者的关系，始终贯穿35年改革历程。能否科学把握三者关系、实现改革发展稳定的有机统一，决定着下一个10年的改革成败。"要坚持把改革的力度、发展的速度和社会可承受的程度统一起来，把改善人民生活作为正确处理改革发展稳定关系的结合点。"习近平总书记的要求，既是对改革开放30多年经验的深刻总结，也体现了中央对当前深化改革形势的准确判断，为我们下一步深化改革开放提供了重要遵循。

改革发展稳定连接国家富强之梦、人民幸福之梦和民族复兴之梦。坚持以改革为动力，以发展为目的，以稳定为前提，是顺利推进中国特色社会主义事业的宝贵经验。只有继续深化改革，才能为社会稳定奠定坚实基础；只有努力维护社会稳定，才能为改革发展提供坚强保障。没有这三者的有机统一，就难有社会的进步、人民的福祉。翻阅充满传奇的"中国故事"，无论是风平浪静时，还是波涛汹涌处，改革开放的航船之所以能够乘风破浪，我国现代化的事业之所以能够顺利推进，正是由于我们对三者关系的准确把握，对"硬道理"与"硬任务"的妥善处理。

35年后的今天，改革发展稳定相互交融的态势更加明显，相互作用的趋向更加突出。今日之改革，啃的是硬骨头，涉的是大险滩，必定触动利益格局、打破暂时平衡；今日之发展，面对的是过关夺隘的关键阶段，中流击水、不进则退；今日之稳定，面对的是世所罕见的经济社会双转型，遭遇的是全球化、信息化、民主化浪潮的相互叠加。经济增长的速度略微调低，便引发广泛的社会关注；医疗改革的节奏稍稍调整，就招来公众的质疑；一些从长远看有利于地方发展的大型项目，会因各种反对呼声无奈下马。步伐稍有不慎，就会引来反弹；方案稍有不周，就会招致不满，需要用更加科学、务实的眼光，重新理解、正确处理三者之间的关系。

如果说，35年前的改革，人心所向、阻力甚少，是"人人受益、无人受损"的帕累托改进；今日之改革，早已不可能"皆大欢喜"，改革的力度、发展的速度、社会的可承受度，成为处理改革发展稳定关系必须坚持的三个维度。力度不能小，改革不是修修补补，而是一场深刻的革命，因此要有更大政治勇气；速度不能慢，我国的现代化是后发追赶型的，加快发展仍旧是必然要求；承受度不能冒，总结改革渐进式推进的成功经验，必须使改革从易到难、从小到大、从外围到核心、从增量到存量不断推进。

改革是动力，发展是目的，稳定是前提。这是下一个10年全面深化改革时依然需要坚持的逻辑前提。35年来的成功经验已经表明，正是因为有改革推动，才实现了我国的快速发展；也正是因为有发展成果，社会稳定才有了坚实的基础。全面深化改革，着力解决经济社会发展中的问题和矛盾，稳定才更长久、更有根基。不积极推进改革，不解决问题矛盾，稳定就难以长久；反之，以更大的勇气和智慧深化改革，解决好人民群众反映强烈的突出问题，解决好党的建设面临的严峻课题，改革就会有活力，发展就会有动力，稳定才能有根基。

怎样把握三者的"结合点"？把改善人民生活作为正确处理三者关系的结合点，彰显了改革发展的指向。只有人民群众才是改革的主体、发展的目的、稳定的基石。没有人民群众的衷心拥护，什么事也办不成，办什么也没意义。改革的唯一价值，是为人民而改革。发展的唯一目标，是为人民而发展。改革是最大红利，但如果"红利"难以体现在百姓切身利益上，就会丧失动力；发展是硬道理，但如果发展损害了群众权利，"硬发展"就没道理；稳定是硬任务，但稳定不是简单的"搞定摆平"，而要在正视和化解矛盾中实现和谐，在推进各项改革中稳步前进。以改善人民生活为出发点，妥善处理改革发展稳定的关系，人民群众就会对困难多一些理解，对改革多一些支持，对未来多一份信心。正如习近平总书记所强调的，"在前进道路上，我们一定要坚持从维护最广大人民根本利益的高度，多谋民生之利，多解民生之忧，在学有所教、劳有所得、病有所医、老有所养、住有所居上持续取得新进展。"人民对美好生活的向往是党的奋斗目标，也是改革发展的价值追求。只有高度重视改善民生，努力解决群众生产生活中的困难和问题，才能为深化改革创造良好稳定的环境。民生越有保障，改革成功的希望就越大，社会稳定的基石也就越牢固。

第六讲
全面深化改革的重点领域和
关键环节（上）

党的十八届三中全会确定的主题是全面深化改革，这与十一届三中全会以来的前6次三中全会有所不同。尽管前6次会议也都与改革有关，但主题仅是某一方面改革。这次则包括了经济、政治、文化、社会、生态文明以及国防和军队改革、党的建设制度改革。然而，正所谓，"物有本末，事有始终，知所先后，则近道矣"。全面改革不是一哄而上，协同推进也不是齐头并进。改革任务纷繁复杂、千头万绪，如果缺少重点、没有先后，改革岂不会乱了节奏、丢了章法？改革要只争朝夕，更要胆大心细，让整体推进与重点突破相结合，抓住"牵一发而动全身"的重点领域和关键环节，由重点领域改革的"一子落"，激发改革棋局的"全盘活"。对此，党的十八届三中全会将经济体制改革作为全面深化改革的重点，发挥其对其他领域改革的"火车头"牵引作用，并且明确了全面深化改革的重点领域和关键环节。

一、坚持和完善基本经济制度

党的十八届三中全会的成功召开，让富通集团有限公司董事长王建沂精神振奋："全会提出：'公有制经济和非公有制经济都是社会主义市场经济的重要组成部分，都是我国经济社会发展的重要基础。''必须毫不动摇鼓励、支持、引导非公有制经济发展，激发非公有制经济活力和创造力。'这一系列的新提法，让我们非公有制经济人士如沐春风、备受鼓舞，非公有制经济正迎来全新的发展机遇和宽松的政策环境。"事实上，和王建沂有同样感受的民营企业家还有很多很多。党的十八届三中全会向他们传递出极大的利好信息，那就是：没有老大、老二之分了，深化国企改革有了许多新思路、新任务。

所有制问题是基本经济制度问题，也是社会主义理论与实践中最重要的基础理论问题。对于以社会主义市场经济体制为目标的我国改革开放而言，所有制问题既是一个躲不开、绕不过的重大理论问题，也是与改革发展实际紧密联系的实践问题。改革开放之初，我们就面临这样一个世界性和世纪性难题：一方面，超越发展阶段盲目追求社会主义所有制的一大二公三纯，不仅没能充分发挥社会主义的优越性，反而使社会主义建设再三遭遇困难和挫折；另一方面，一些社会主义国家不考虑国情，全面否定已有经济制度，试图通过全盘西化在一夜之间向市场经济转变，最终导致全面抛弃社会主义制度。正因如此，有人曾形象地把所有制改革比喻成中国经济体制改革的"珠穆朗玛峰"。

对于历经百年沉浮，追求独立发展的中国而言，在所有制问题上，如何既确保社会主义的国家性质，又考虑我国现阶段的生产力水平？如何既坚持公有制的主导地位，又充分调动各方面积极性？"一切符合'三个有利于'的所有制形式都可以而且应该用来为社会主义服务。"从1992年小平同志南方谈话，到党的十四大确立社会主义市场经济体制目标；从党的十五大将"公有制为主体，多种所有制经济共同发展"作为社会主义基本经济制度固定下来，到党的十六大强调两个"毫不动摇"和"一个统一"；从党的十七大提出"坚持平等保护物权，形成各种所有制经济平等竞争、相互促进新格局"，到党的十八大提出"完善公有制为主体、多种所有制经济共同发展的基本经济制度"……改革开放35年来，我们党的所有制理论创新，不仅成功解决了公有制与市场经济结合的世界性难题，丰富和发展了马克思主义所有制理论，更让社会主义的生命力创造力充分体现。如今，党的十八届三中全会在坚持和发展党的十五大以来有关论述的基础上，进一步明确提出，公有制为主体、多种所有制经济共同发展的基本经济制度，是中国特色社会主义制度的重要支柱，也是社会主义市场经济体制的根基。公有制经济和非公有制经济都是社会主义市场经济的重要组成部分，都是我国经济社会发展的重要基础。这标志着我们党对社会主义所有制理论的认识达到一个新高度。

正是因为突破了单一的所有制结构，破除了姓"社"姓"资"的思维定式，提出了公有制经济与非公有制经济"共同发展"的开放理念，我们将世界文明潮流与自身发展进步结合起来，将现代化规律与本国国情结合起来。一方面，大力推进国有企业和集体企业改革改制，积极寻找与社会主义市场经济相兼容的公有制实现形式；另一方面，积极推动众多产业领域对非公有制经济放开准入，形成了劳动、知识、技术、管理和资本的活力竞相迸发的壮阔潮流。由此开创了创造社会财富的源泉充分涌流的崭新局面，将社会主义中国推上了世界第二大经济体的位置，使基本经济制度成为中国特色社会主义的最大亮点。

解放和发展生产力是社会主义的本质要求。所有制结构理论的创新，究其实质，就是要促进生产力的发展。从1978年至2012年，我国的国内生产总值由3645亿元增长到519322亿元，年均增速不仅明显高于1953年至1978年间6.1%的速度，而且高于日本、韩国经济起飞阶段，这是"两个毫不动摇"带来的巨大活力，展现了我国基本经济制度的巨大优越性。"必须毫不动摇巩固和发展公有制经济，坚持公有制主体地位，发挥国有经济主导作用，不断增强国有经济活力、控制力、影响力。必须毫不动摇鼓励、支持、引导非公有制经济发展，激发非公有制经济活力和创造力。"提出并坚持"两个毫不动摇"，彰显了中国共产党人既实事求是、又与时俱进的执政智慧，推助了社会主义中国举世瞩目的腾飞跨越。"两个毫不动摇"之所以能激发活力、提升效率、发挥优势，就在于它尊重了我国社会主义初级阶段的基本国情，不搞单一公有化，也不搞全盘私有化，而是实行多元化、多样化、混合化，从而调动各方面积极性，发挥各方面优势，实现共同促进，共同发展。始终坚持"两个毫不动摇"，让公有制经济与非公有制经济在社会主义市场经济中相互公平竞争、发挥各自优势，共同推动生产力发展和现代化建设，我国基本经济制度将在改革发展中展现更多生机活力，中国特色社会主义伟大事业将在应对风险考验中不断发展壮大。

一直以来，许多人提出了一系列关于"国进民退"和"民进国退"的问题，还有人提出中国经济改革的路子就是国企全部私有、土地全部私有、金融全面放开，等等。但我们必须承认，在经济社会发展中，不存在主观意志的进和退，"国"和"民"的进退只是经济现实客观需要的具体体现。如果市场发展中有需要由国有经济推进和控制的行业或领域，我们就要毫不动摇的去推进；如果市场发展中有需要国有经济退出的行业或领域，而在这些行业或领域非公经济发展有利于中国经济发展、有利于改善民生、有利于实现共同富裕，那么国有经济就要毫不动摇的逐步退出。我国选择适合我们自身发展的道路，既没有固定的模式，也没有照搬的模板。只有坚定不移地高举中国特色社会主义伟大旗帜，既不走封闭僵化的老路、也不走改旗易帜的邪路。30多年来的经济发展证明，"国有"与"民营"统一于中国特色社会主义建设进程中，为我国的现代化建设注入了生机和活力。在转变经济发展方式过程中，"两条腿"的齐步并进收获了更优的经济绩效；在经济结构战略性调整过程中，国有企业往往作为行业的排头兵与领航员，民营企业常常是资源整合的分享者与有序竞争的参与方，两者彼此促进、相得益彰；在应对国际金融危机过程中，国有企业中流砥柱，民营企业抱团取暖，"国"与"民"共克时艰、共同发展。国有经济是我国国民经济的主导力量，民营经济是社会主义市场经济的重要组成部分，两者共同构成了基本经济制度的重要内容，共同构筑了经济巨龙腾飞的现实基础。

围绕坚持和完善基本经济制度，《中共中央关于全面深化改革若干重大问题的决定》从完善产权保护制度、积极发展混合所有制经济、推动国有企业完善现代企业制度、支持非公有制经济健康发展等四个方面提出了新的具体举措。这些实实在在的崭新举措将使公有制经济和非公有制经济在社会主义市场经济中相互公平竞争、发挥各自优势，共同推动经济社会快速健康发展。立足初级阶段，不断以创新理论引领伟大实践；面对基本国情，坚持以基本经济制度推动中国发展，我们将更好地展示中国特色社会主义制度的巨大优势，推动改革开放的中国巨轮驶向更加美好的未来。

二、加快完善现代市场体系

2010年，魏一搏还是中兴通讯CDMA部门的技术经理，大学同窗好友陈琪的一通电话，让他决定辞职一搏。"每一个男人都有一颗创业的心。理想与钱相比，理想更重要。"3年之后，魏一搏和陈琪创办的蘑菇街成为了目前国内最大的女性购物网站之一，员工200多人，拥有超过6000万的注册用户，每天活跃用户550多万，已经获得了三轮风投。魏一搏深感自己"搏对了"。党的十八届三中全会的公报出炉后，魏一搏格外关注的是未来的经济走向，尤其是全会提到"紧紧围绕使市场在资源配置中起决定性作用，深化经济体制改革，坚持和完善基本经济制度，加快完善现代市场体系、宏观调控体系、开放型经济体系，加快转变经济发展方式，加快建设创新型国家，推动经济更有效率、更加公平、更可持续发展"这一段。他的理解是，未来的民营经济肯定会更富活力，高科技创新型企业的发展环境会更好，创业者会有更多的市场机会。

《中共中央关于全面深化改革若干重大问题的决定》明确提出，建设统一开放、竞争有序的市场体系，是使市场在资源配置中起决定性作用的基础。必须加快形成企业自主经营、公平竞争，消费者自由选择、自主消费，商品和要素自由流动、平等交换的现代市场体系，着力清除市场壁垒，提高资源配置效率和公平性。20年前的党的十四届三中全会，首次提出了建立统一、开放、竞争、有序的市场这一目标。党的十四届三中全会提出，"发挥市场机制在资源配置中的基础性作用，必须培育和发展市场体系"。此后，党的十六届三中全会又进一步对加快建设全国统一市场做出部署，提出"强化市场的统一性，是建设现代市场体系的重要任务"。党的十八届三中全会将市场在资源配置中的"基础性作用"改为"决定性作用"，这就解决了在长期经济生活当中，以及过去建设社会主义市场经济的一个缺陷，即政府主导下的市场经济。要坚持在经济生活领域实现市场主导下政府的有效作用，而不是政府主导下市场的有限作用。

从理论上说，我们之所以从命令经济向市场经济体制转型，是因为只有竞争性市场体系在有效配置资源和形成激励兼容机制方面发挥决定性作用，整个国民经济才会具有配置效率和运作效率。如果市场失去了竞争的性质，就不能够形成能够反映供求状况的价格，市场经济就难以发挥有效配置资源和建立兼容激励机制方面的作用。从现实方面说，"建立统一开放、竞争有序的市场体系"（见《中共中央关于全面深化改革若干重大问题的决定》）切中中国时弊。在20世纪90年代，我国出现了行政保护、地区保护、垄断盛行等双重体制并存的局面。现在这个问题依然严重：一是"条块分割"、市场割据，所以有必要加强市场的一体化的程度，并向不同所有制的市场主体平等开放；二是政府行政干预过多，深度介入微观经济活动，许多领域存在由国家权力保护的行政垄断，所以有必要采取有力措施，保证所有的经济主体在公平、公开、公正的规则（法治）基础上有序竞争；三是各类市场的发展参差不齐，商品市场发展也许还可以说差强人意，要素市场就发育程度低下，秩序混乱，所以需要加快市场体系建设。正如十八届三中全会所指出：深化经济体制改革要紧紧围绕使市场在资源配置中起决定性作用来进行，而建设统一开放、竞争有序的市场体系，正是使市场在资源配置中起决定性作用的基础。

其实，现代市场体系，早在十六大报告中就频频提及的热词，在十八届三中全会有了进一步诠释：企业自主经营、公平竞争；消费者自由选择、自主消费；商品和要素自由流通、平等交换。经济界未能给出的现代市场体系定义被党的十八届三中全会给予了明确定调，这很大程度上得益于改革开放35年的探索，我国企业、消费者的自主权益，商品、要素的流通环境都获得了极大进步。但走在深化经济体制改革的节点，完善现代市场体系仍需展现出解决细分市场痛点的能力。以消费类商品市场为例，普通百姓最常接触的电话、短信、汽油、柴油、火车票仍属于体制性垄断产业——消费者有购买的自由，却无选择价格和更多替代品的权利。

存在于细分市场的痛点恰恰汇总成完善现代市场体系的最后阻碍。而在法律法规健全的前提下，企业和消费者的困惑应该由市场决定。党的十八届三中全会无疑提供了破除阻碍的路径，诸如消除市场壁垒，完善市场定价机制，进行城乡建设用地、金融、科技体制改革等无一不瞄准市场最敏感部位。

但是，在欢欣鼓舞之余，现代市场体系的参与者还需要保持清醒。因为在"硬"制度实现完善的未来，契约精神、信用体系等"软"功夫将会显得更为重要。无论欧美还是中国，政府有形之手与市场无形之手的角力并非现代市场体系的全部。如果说"硬"制度的改革是现代市场体系的助推器，那么契约精神、信用体系则是现代市场体系的精神内核。

市场经济是道德经济，现代市场体系也必须是恪守商业底线并不断实践公平、平等竞争氛围的道德经济。然而，就我国目前的商业氛围来讲，我们离精神内核的升华还有更长的路要走。我们不希望看到这样一幕：政策门槛已经拿掉，扛着财富出来的企业还是"毒奶粉""瘦肉精"和"地沟油"。

"改革中触动利益比触及灵魂还难。但别无选择。"这是李克强总理2013年3月谈及改革进入"深水区"时的感慨和决心。"触动利益"的应该是现代市场体系的所有参与者。古人云："君子爱财，取之有道。"当这里的"道"，既有"门道"，又有"仁道"，我国就离现代市场体系不会太远了。

三、深化财税体制改革

不搞行政审批，采用地方答辩、专家评审等竞争性手段分配财政资金，近一段时间，中央向地方下拨12亿元危旧粮库维修资金、2013年节能减排财政政策综合示范试点等中央财政资金引入竞争性分配模式，引发各界广泛关注。尽管财政资金竞争性分配并非新事物，广东等多地早已推广实施，但将这一创新形式引入中央财政资金分配，释放出财税体制改革提速的重要信号。

如何堵住财政资金分配中的制度漏洞和权力寻租，实现公开透明分配财政资金，是财政体制改革绕不开的难点。不仅如此，在我国改革的攻坚期和深水区，经济社会发展的诸多难题的破解，都似乎与财税体制改革有着千丝万缕的联系。牵一发而动全身的财税体制改革，成为我国全面深化改革的重点。正如《中共中央关于全面深化改革若干重大问题的决定》所指出的那样："财政是国家治理的基础和重要支柱，科学的财税体制是优化资源配置、维护市场统一、促进社会公平、实现国家长治久安的制度保障。"

我国的财税改革于1978年作为市场化改革宏观层面的突破口率先启动，历经30余年探索和实践，已取得重大成就，积累了许多宝贵经验。20世纪80年代以来，我国以放权让利和"分灶吃饭"财政体制为突破口，启动经济体制改革。1993—1994年，以统一财务会计制度起步，实行税利分流制度开路、统一税制为主旋律，初步理顺了国家与企业的分配关系，特别是以分税制改革结合转移支付制度理顺了中央与地方的分配关系。这是新中国成立以来规模最大、范围最广、内容最深刻的一次财税改革，使我国初步建立了适应社会主义市场经济的财税体制基本框架，奠定了国家长治久安的基础。1998年以来，以公共财政为导向，我国又实行了部门预算、政府收支分类、收支两条线、国库集中收付、完善税制等多项改革，提高了财政收支管理的制度化、规范化、科学化水平。然而，现行财税体制仍存在许多不足之处，如政府与市场的功能界定不够明确、政府间责权划分不够清晰、地方税体系不够健全、转移支付制度不够完善、支出管理有待强化、公共财政体制建设不到位等。特别是省以下基层财政困难、大量隐性负债和短期行为特征明显的"土地财政"问题。这些都需要我们在下一阶段改革中深入研究、集中力量加以解决。

当前，我国经济正处在转型升级的关键期，如何推进财税体制改革，通过简政放权、深化改革更多激发市场活力，关系着我国经济未来。《中共中央关于全面深化改革若干重大问题的决定》明确指出：必须完善立法、明确事权、改革税制、稳定税负、透明预算、提高效率，建立现代财政制度，发挥中央和地方两个积极性。下一阶段的财税改革将在全面服务于经济、政治、社会、文化、生态各领域改革的基础上，在改进预算管理制度、完善税收制度、建立事权和支出责任相适应的制度等方面深入推进。

财政，一头挑着公平，一头挑着效率。在《中共中央关于全面深化改革若干重大问题的决定》提出的改革举措中，"完善立法"被置于首位。依法理财是依法治国的重要组成部分，当前破解财政管理中存在的资金分配不公平、地方财政缺乏自主财力、资金使用效率不高等问题，亟须解决财与法"两张皮"问题。深化税制、预算等所有财税改革都应在法治化基础上推进，同时加快修订预算法、推进税收立法等财税法治化进程。

随着财政资金规模日渐增大，如何花好财政资金，用制度约束财政分钱，解决专项转移支付名目繁多、资金多头下达分散使用等体制顽疾也成为下一步财税体制改革的难题之一。对此，《中共中央关于全面深化改革若干重大问题的决定》明确将"透明预算""提高效率"等关键词写入财税体制改革目标。这些新提法新表述，意味着下一步预算管理体制改革步伐将进一步加快。

我国虽然实现了编制四本预算的全口径预算，但管理办法各自有差别，政府基金预算表面是一本预算，实际更像是政府部门的私房钱，国有资本经营预算也继续加大统筹使用力度。下一步需要规范政府预算制度，实现全口径预算的公开透明。此外，针对当前预算执行中存在的一些软约束或随意调节预算以及财政转移支付中随意性较大等问题，专家建议应在深化预算管理制度改革中强化制度约束，细化各类预算编制，提升预算编制的科学性，并提高预算监管力度，减少资金浪费。

财税改革中最受关注的是税制改革。针对外界关注的宏观税负问题，《中共中央关于全面深化改革若干重大问题的决定》提出的"改革税制、稳定税负"方针无疑使更多的人吃了一颗"定心丸"，表明今后税负增长将会和经济增长基本同步，既避免税收增长过高，增加宏观税负，也避免税收增长过低，导致赤字债务扩大，加剧财政风险。

营改增是财税改革的"重头戏"，率先纳入改革范围的交通运输业和部分现代服务业，在局部地区开展试点19个月后，从2013年8月1日起向全国推开，并将广播影视服务纳入试点范围。营改增消除重复征税，实现了由"道道征收、全额征税"向"环环抵扣、增值征税"的转变。随着试点区域和行业范围扩大，抵扣链条更顺畅，减税力度不断加大。国家税务总局的最新数据显示：截至2013年8月底，共有222万多户企业纳入营改增试点，全国试点首月共减税130.13亿元。仅8月份一个月的减税规模，就相当于前7个月减税规模的总额。特别是纳入试点的182万户小规模纳税人减负力度更大，平均减税幅度达40%。营改增打通了第二、三产业之间的抵扣链条，企业采购服务的积极性大大提高，2013年1—8月，全国制造业纳税人增加抵扣减税362.7亿元。营改增更为深远的影响是形成有利于结构优化、社会公平的税收制度，加快现代服务业发展，优化产业结构，促进经济转型升级。2013年前三季，我国第三产业增速达8.4%，累计高于第二产业增速0.6个百分点。服务业实际使用外资447亿美元，同比增长13.28%，超过全国总量的一半。制造业和服务业双轮驱动的新景象展现在人们眼前。

为小微企业减负、消除不公平税收政策，不仅体现在营改增。国务院常务会议决定，从2013年8月1日起，对月销售额不超过2万元的小微企业，暂免征收增值税和营业税。这一政策年减税规模近300亿元，为超过600万户小微企业带来实惠，直接关系几千万人的就业和收入。同时，让符合条件的小微企业享受与个体工商户同样的税收政策，税制更公平。以营改增为突破口，伴随房产税、资源税、消费税、个人所得税等诸多税种改革的加快推进，我国正在开启税改的新时代。

四、深化金融体制改革

金融是现代经济的核心。在诸多改革中，深化金融体制改革无疑更受关注和期待。一方面，进一步深化金融重点领域改革，稳步推进利率和汇率市场化改革，加快发展民营金融机构，推进金融创新，提高金融服务实体经济的质量和水平；另一方面，推动金融市场规范发展，防范跨境资本流动风险，加强金融风险监测和排查，牢牢守住不发生系统性、区域性金融风险的底线。从全面取消贷款利率管制，到放开人身保险预定利率；从上海自贸区试行人民币资本项目可兑换，到跨境贸易人民币结算步伐加快；从扩大信贷资产证券化试点，到重启国债期货交易……党的十八大以来，金融改革正意气风发地驶入"快车道"。

上海泰豪智能节能技术有限公司是一家主营合同能源管理的企业，资产少，投资回收期长，以前很少有银行看得上。两年前，公司为了获得第一笔贷款，抵押了房产，整整等了一年才拿到贷款。如今，申请一笔贷款最长只需3个月。公司财务总监陈军说："以前是我们找银行，现在各家银行都来找我们，想合作的银行不少于5家。当年公司的第一笔贷款利率比基准利率上浮了15%，现在各家银行都给我们提供下浮利率贷款。"

2013年7月19日，中国人民银行宣布全面放开贷款利率管制，这是继2012年年中扩大存贷款利率浮动区间后，利率市场化改革的又一关键举措。利率市场化改革的深入推进，让利率在市场中的资源配置作用日益显现。优质企业能获得更多更便宜的资金，银行也全身心地融入市场，在竞争中加快发展。

令人惊喜的不仅仅是利率市场化改革。2013年7月，国务院办公厅发布《关于金融支持经济结构调整和转型升级的指导意见》，提出尝试由民间资本发起设立自担风险的民营银行等金融机构。这一"金十条"刚落地，沉寂多年的民间资本欢呼雀跃，多家民营企业争相申报。8月22日，苏宁云商的股价一度涨停，随后几天股价连续大幅上涨。如此出彩的表现正是因为当天苏宁宣布申办民营银行，成为A股市场首家试水民营银行的上市公司。民营银行的准入，真正拉开了民间资本进入金融市场的大幕。近10家民营银行获得国家工商总局名称预先核准，正积极筹划民营银行试点方案，更多民间资本希望参股商业银行。

服务实体经济是金融的本质任务和需求，没有实体经济的发展，金融也会像无源之水，无本之木。但支持经济结构调整和转型升级，并不等于货币政策要从稳健走向宽松。因为当前我国货币存量仍然居高不下，仅2013年1—5月，我国社会融资总额超过9万亿元，已占2012年全年16万亿的56%。目前存在的信贷质量下降、资金周转率低的问题应引起我们的注意，如果不能通过深化改革提高效率，不仅会影响经济转型升级，而且可能成为金融风险发生的隐患。因此，在当前经济运行总体平稳、但也面临不少困难和挑战的情况下，坚持稳中求进、稳中有为、稳中提质，在保持宏观经济政策稳定性、连续性的同时，逐步有序不停顿地推进改革，优化金融资源配置，用好增量、盘活存量，更有力地支持经济转型升级，更好地服务实体经济发展，更有针对性地促进扩大内需，更扎实地做好金融风险防范。

改革越向深处，越可能面临险境。金融改革环环相扣，牵一发而动全身；金融改革又涉及多方利益，会遭遇阻力和风险。这就需要有条理、有步骤地推进金融改革，并且在改革中充分考虑企业和个人的风险承受能力。《中共中央关于全面深化改革若干重大问题的决定》就下一步如何更好地推进金融体制改革，做出了更加务实、更具实效的完善金融市场体系一揽子计划："扩大金融业对内对外开放，在加强监管前提下，允许具备条件的民间资本依法发起设立中小型银行等金融机构。推进政策性金融机构改革。健全多层次资本市场体系，推进股票发行注册制改革，多渠道推动股权融资，发展并规范债券市场，提高直接融资比重。完善保险经济补偿机制，建立巨灾保险制度。发展普惠金融。鼓励金融创新，丰富金融市场层次和产品。完善人民币汇率市场化形成机制，加快推进利率市场化，健全反映市场供求关系的国债收益率曲线。推动资本市场双向开放，有序提高跨境资本和金融交易可兑换程度，建立健全宏观审慎管理框架下的外债和资本流动管理体系，加快实现人民币资本项目可兑换。落实金融监管改革措施和稳健标准，完善监管协调机制，界定中央和地方金融监管职责和风险处置责任。建立存款保险制度，完善金融机构市场化退出机制。加强金融基础设施建设，保障金融市场安全高效运行和整体稳定。"

第七讲
全面深化改革的重点领域和
关键环节（下）

五、推进文化体制机制创新

北京人民艺术剧院（以下简称"人艺"）是一块金字招牌，虽然它只是北京市委宣传部下属的一个文艺团体，却代表着我国话剧的最高水平。20世纪90年代后，"人艺"和许多文艺团体一样，在经济转型过程中一度迷失，有一段时期，"人艺"的作品跟它的艺术殿堂地位难以匹配，票房多年来徘徊在1280万元左右。为扭转颓势，2007年，"人艺"将机制改革融于艺术生产的各个环节，最终使力作精品频出。2008年票房是1439万元；2009年更是达到2767万元，创下建院近60年来的最高纪录；但仅仅过了一年，这个纪录就被再度刷新，2010年，"人艺"全年总票房突破了3000万元大关。对于"人艺"走过的转型发展之路，张和平总结说，"只有真改革才有真出路"。

事实上，文化是最需要改革创新的领域。文化创新既包括对文化内容形式的创新，也包括对文化体制机制的创新。改革创新文化体制机制，既有利于进一步提高文化资源配置的质量、效益和速度，拓展精神文化产品创作、生产、传播和消费空间，又会使文化体制改革面临一系列亟待解决的重大课题。近些年来，我国文化建设最鲜明的标志是改革创新，文化领域取得的一切进步的最根本原因也是改革创新；今后文化建设要实现新的更大发展，归根到底还要靠改革创新。党的十八届三中全会审议通过的《中共中央关于全面深化改革若干重大问题的决定》站在建设社会主义文化强国，增强国家文化软实力的战略高度，为下一步如何全面深化文化体制改革指明了方向："必须坚持社会主义先进文化前进方向，坚持中国特色社会主义文化发展道路，培育和践行社会主义核心价值观，巩固马克思主义在意识形态领域的指导地位，巩固全党全国各族人民团结奋斗的共同思想基础。坚持以人民为中心的工作导向，坚持把社会效益放在首位、社会效益和经济效益相统一，以激发全民族文化创造活力为中心环节，进一步深化文化体制改革。"

创新文化体制机制，完善文化管理体制是基础和前提。改革开放初期，文化单位的改革就被提上了党和政府的议事日程。1980年初，全国文化局长会议提出，坚决地有步骤地改革文化事业体制，改革经营管理制度。然而，刚刚放开的文化市场并不如人们所想象的那么规范。党的十四大以后，积极推进文化事业改革成为文化发展的基本方针。尽管历经数次改革，文化管理体制都开始趋于成熟，但是，仍然存在管得过宽、统得过死等问题。为此，2011年，党的十七届六中全会明确提出，要建立健全党委领导、政府管理、行业自律、社会监督、企事业单位依法运营的文化管理体制。截至目前，已有3个直辖市、8个副省级城市和37个地级市组建了文化市场综合行政执法机构，有效解决了职能交叉、多头执法等问题。顺应这一改革大趋势，党的十八届三中全会审议通过的《中共中央关于全面深化改革若干重大问题的决定》更是对完善文化管理体制问题提出更加明确、清晰、务实的改革方案："按照政企分开、政事分开原则，推动政府部门由办文化向管文化转变，推动党政部门与其所属的文化企事业单位进一步理顺关系。建立党委和政府监管国有文化资产的管理机构，实行管人管事管资产管导向相统一。"

创新文化体制机制，关键是要通过建立现代文化市场体系，激发文化改革发展的活力。早在1988年2月，文化部、国家工商行政管理局就联合发布了《关于加强文化市场管理工作的通知》，正式提出文化市场的概念，标志着中国文化市场的地位得到正式承认。1992年，国家将文化列为加快发展第三产业的重点领域之一。2000年，党的十五大首次将文化产业纳入国家战略视野进行安排部署。2009年7月22日，国务院常务会议原则通过了《文化产业振兴规划》，这是新中国成立60年来文化产业的第一次专项规划。这个被称作中国文化产业里程碑的规划的制订，不仅表明社会主义中国对文化产业发展规律的认识达到了新的高度，更意味着我国政府已经坚定地把发展文化产业确定为一项重要的国家战略。然而，文化产业的发展依然相当滞后：当经济领域的中石化、中移动向世界五百强挺进时，我们的文化企业却拿不出一个名扬世界的品牌代表；当美国利用中国的花木兰故事拍成电影成功占领中国市场时，中国的创意产业几乎为零。为此，2012年初，中共中央办公厅、国务院办公厅印发《国家"十二五"时期文化改革发展规划纲要》，就今后五年繁荣发展文化产业指出了新的目标和方向。在此基础上，党的十八届三中全会更是打出文化产业改革组合拳，明确要求，支持各种形式小微文化企业发展。在坚持出版权、播出权特许经营前提下，允许制作和出版、制作和播出分开。建立多层次文化产品和要素市场，鼓励金融资本、社会资本、文化资源相结合。完善文化经济政策，扩大政府文化资助和文化采购，加强版权保护。健全文化产品评价体系，改革评奖制度，推出更多文化精品。

激活文化产业神经末梢，经营性文化单位转企改制无疑是中心环节。2003年6月开始，在北京、上海等7个省市的35家新闻出版、广播影视和文艺院团等单位开展了文化体制改革的试点。党的十六大以来，按照"创新体制、转换机制、面向市场、壮大实力"的要求，经营性文化单位转企改制扎实推进，国有文化单位市场主体缺失的状况得到明显改善。截至2011年底，全国共核销事业编制18万多名，注销事业单位4300多个。全国文化系统承担改革任务的2102家国有文艺院团中，已完成和正在完成转制、撤销和划转的院团达1176家。河北、山西、江苏、安徽等8省（区、市）已经基本完成国有文艺院团转企改制任务。11个省（区、市）分别组建了省级演艺集团公司。伴随着文化体制改革不断向纵深推进，一些诸如博物馆、图书馆等事业体制内部机制改革迈出实质性步伐，逐步朝着责任明确、行为规范、富有效率、服务优良的方向转变。为进一步释放经营性文化单位转企改制的改革红利，党的十八届三中全会审议通过的《中共中央关于全面深化改革若干重大问题的决定》明确指出："完善文化市场准入和退出机制，鼓励各类市场主体公平竞争、优胜劣汰，促进文化资源在全国范围内流动。继续推进国有经营性文化单位转企改制，加快公司制、股份制改造。对按规定转制的重要国有传媒企业探索实行特殊管理股制度。推动文化企业跨地区、跨行业、跨所有制兼并重组，提高文化产业规模化、集约化、专业化水平。""鼓励非公有制文化企业发展，降低社会资本进入门槛，允许参与对外出版、网络出版，允许以控股形式参与国有影视制作机构、文艺院团改制经营。"

如果说发展文化产业是激发文化红利，那么发展文化事业就是保障文化民生。进入新世纪、新阶段，群众对文化生活的需求十分强烈，而我们提供的公共文化产品和服务，无论在数量、品种还是质量上都与之还不相适应。党的十六大以来，中央先后制定下发了国家"十一五"时期文化发展规划纲要、关于进一步加强农村文化建设的意见、关于加强公共文化服务体系建设的若干意见，对构建公共文化服务体系、实施文化惠民工程等做出重要部署。但是，现代公共文化服务体系建设依然滞后。对此，党的十八大报告明确提出，"让人民享有健康丰富的精神文化生活，是全面建成小康社会的重要内容"。党的十八届三中全会审议通过的《中共中央关于全面深化改革若干重大问题的决定》更是围绕构建现代公共文化服务体系，从建立公共文化服务体系建设协调机制、促进基本公共文化服务标准化、均等化、明确不同文化事业单位功能定位、推动公共文化服务社会化发展等方面，提出了一系列重大改革举措。

在经济全球化的时代背景下，创新文化体制机制离不开对外文化交流和开放。新世纪以来，文化因素在国家总体战略对外关系中的重要作用日益凸显，世界各国纷纷扩大本国文化的对外传播，运用文化交流来影响世界，从而确立其国际威望。面对新形势，我国政府高度重视对外文化交流在国家整体外交中的重要作用，把对外文化交流上升到"文化外交"的战略高度，我国对外文化交流迈出了一系列实质性的前进步伐。然而，在国际文化交往与竞争中，西方发达国家的优势是明显的，与文化资本、文化技术、文化产品相伴而来的西方价值观念的冲击与渗透对我国的挑战愈来愈大，如何在增强民族文化自信、维护国家文化安全的同时，增强文化竞争力和国际影响力，便成为摆在我国政府面前的重大课题。对此，党的十八届三中全会审议通过的《中共中央关于全面深化改革若干重大问题的决定》就下一步提高文化开放水平做出明确部署："坚持政府主导、企业主体、市场运作、社会参与，扩大对外文化交流，加强国际传播能力和对外话语体系建设，推动中华文化走向世界。理顺内宣外宣体制，支持重点媒体面向国内国际发展。培育外向型文化企业，支持文化企业到境外开拓市场。鼓励社会组织、中资机构等参与孔子学院和海外文化中心建设，承担人文交流项目。积极吸收借鉴国外一切优秀文化成果，引进有利于我国文化发展的人才、技术、经营管理经验。切实维护国家文化安全。"

六、推进社会事业改革创新

民生是社会建设之本，和谐稳定之基。古希腊学者阿基米德说过：给我一个支点，就可以撬动地球。社会建设与民生息息相关，发展社会事业就是人们幸福的支点。但在那个什么都是"计划说的算"的年代，幸福的支点是掌握在别人的手里。改革开放以来，社会事业特别是涉及基本民生的就业、医疗、住房等方面的飞跃发展是我国人民亲身体验的，我国在社会领域所取得的成就也是举世公认的，甚至把发展社会事业作为社会建设的战略重点加快发展。

棚改房里传来阵阵欢笑。1000多万户家庭已"忧居"变"宜居""5年内再改造1000万户"的承诺，掷地有声；溪沟水涧飘来缕缕荷香。6000多万农民从人居环境整治中受益，"到2015年完成至少6万个建制村环境整治"的目标，备受期待；七村八寨铺通条条坦途。2万个贫困村已搭上交通扶贫的"快车""2015年前为特困地区再建10万公里通村路"的消息，鼓舞人心……为实现学有所教、劳有所得、病有所医、老有所养、住有所居，以习近平同志为总书记的新一届中央领导集体，继续将改善民生作为第一要务，倾听人民呼声，回应人民期待，改革发展的成果正更多更公平地惠及全体人民。然而，直到今天，还有许多人民群众最关心、最直接、最现实的利益问题没有得到很好的解决，这些问题不仅影响着人民群众的幸福生活指数，更考验着我们党和国家的执政智慧。对此，党的十八届三中全会有着清醒的认识和判断："实现发展成果更多更公平惠及全体人民，必须加快社会事业改革，解决好人民最关心最直接最现实的利益问题，努力为社会提供多样化服务，更好满足人民需求。"站上新起点，开启新征程。党的十八届三中全会瞄准人民群众对过上更加美好生活的新期待，围绕教育、就业、收入分配、社会保障、医疗卫生等重点领域和关键环节，研究出台了一系列利民惠民的重大举措，以此释放更多改革红利。

2013年9月，开学之初，十多年从未走出过家乡的王成韬来到了清华大学，成为一名大一新生。王成韬来自淳朴而闭塞的中缅边境小城云南腾冲，能够进入清华大学，正是得益于"面向贫困地区定向招生专项计划"的改革举措。与他一样，全国还有832个贫困县的3万名学子，圆了大学梦。将更多优质高等教育资源惠及农村、边远、贫困、民族地区的农家子弟，正是十八大以来人才培养模式改革的重要举措。与此同时，高考英语科目一年多次考试、研究生招生改革、通识教育与创业教育、学习成果认证和"学分银行"也都是十八大以来，教育领域综合改革的"热词"。教育是国计，也是民生；教育是今天，更是明天。一个国家有没有发展潜力看的是教育，这个国家富不富强看的也是教育。改革开放之后，党和政府以极大的努力抓教育，从重点发展教育到优先发展教育，逐渐探索出了一条以育人为根本、以改革为动力、以促进教育公平为重点、以提高教育质量为核心的中国特色社会主义教育发展之路，教育事业实现了跨越式发展。然而，教育公平、教育体制、教育质量、招考方式等方面存在的顽瘴痼疾仍未得到彻底根治，这无疑迫切需要进一步深化教育领域的综合改革。

培养什么人、怎样培养人，是一切教育工作的出发点和最终落脚点，也是教育事业改革发展过程中必须解决好的根本问题。学校是教书育人的场所，"教书育人"是对教育工作的通常称谓。其实，在教书与育人的关系上，教书只是手段，育人才是目的。然而，当前基础教育存在着片面追求升学率而忽视学生健康身心素质培养的现象，而高等教育阶段则存在着因为过于追求科学研究、社会服务而在相当程度上忽视高素质人才培养的现象。成才固然重要，但成人是基石。从"德智体全面发展"，到培育"四有新人"，再到"育人为本，德育为先"，德育在青少年教育中的位置愈加显著。尤其是党的十六大以来，"德育为先"成为坚定不移的育人方针。党的十八届三中全会审议通过的《中共中央关于全面深化改革若干重大问题的决定》更是明确要求："全面贯彻党的教育方针，坚持立德树人，加强社会主义核心价值体系教育，完善中华优秀传统文化教育，形成爱学习、爱劳动、爱祖国活动的有效形式和长效机制，增强学生社会责任感、创新精神、实践能力。强化体育课和课外锻炼，促进青少年身心健康、体魄强健。改进美育教学，提高学生审美和人文素养。"

　　教育公平，在今天已经成为使用最经常的词汇了，可是十多年前这个词还很少被提及。在一个很长的时间内，教育的首要任务是扩大规模、解决有学上的问题。随着义务教育的全面普及，高中教育基本普及，高等教育进入大众化阶段，"有学上"的矛盾基本解决，而"上好学"逐渐成为社会的主要关切，享有公平的受教育机会，接受良好教育成为人们新的诉求。对此，党的十八届三中全会审议通过的《中共中央关于全面深化改革若干重大问题的决定》就大力促进教育公平提出了具体的实施方案："健全家庭经济困难学生资助体系，构建利用信息化手段扩大优质教育资源覆盖面的有效机制，逐步缩小区域、城乡、校际差距。统筹城乡义务教育资源均衡配置，实行公办学校标准化建设和校长教师交流轮岗，不设重点学校重点班，破解择校难题，标本兼治减轻学生课业负担。加快现代职业教育体系建设，深化产教融合、校企合作，培养高素质劳动者和技能型人才。创新高校人才培养机制，促进高校办出特色争创一流。推进学前教育、特殊教育、继续教育改革发展。"

　　评价是教育的风向标和测量仪，"评什么"决定了"教什么"和"学什么"。科学合理的评价体系，有利于加强教育管理的统筹协调，激发学校和教师队伍的生机活力，促进教育质量的提升。当前，教育评价不科学的问题还比较突出。究其原因，就在于教育管理、办学和评价不分家，评价标准单一、方法较为简单。为改变这种状况，2010 年颁布实施的国家中长期教育改革和发展规划纲要提出，要建立科学的教育质量评价体系。下一步的关键是抓好贯彻落实，逐步推进教育评价的科学化、制度化、规范化。为贯彻这一总体方针，党的十八届三中全会审议通过的《中共中央关于全面深化改革若干重大问题的决定》提出了一系列重大改革举措："推进考试招生制度改革，探索招生和考试相对分离、学生考试多次选择、学校依法自主招生、专业机构组织实施、政府宏观管理、社会参与监督的运行机制，从根本上解决一考定终身的弊端。义务教育免试就近入学，试行学区制和九年一贯对口招生。推行初高中学业水平考试和综合素质评价。加快推进职业院校分类招考或注册入学。逐步推行普通高校基于统一高考和高中学业水平考试成绩的综合评价多元录取机制。探索全国统考减少科目、不分文理科、外语等科目社会化考试一年多考。试行普通高校、高职院校、成人高校之间学分转换，拓宽终身学习通道。深入推进管办评分离，扩大省级政府教育统筹权和学校办学自主权，完善学校内部治理结构。强化国家教育督导，委托社会组织开展教育评估监测。健全政府补贴、政府购买服务、助学贷款、基金奖励、捐资激励等制度，鼓励社会力量兴办教育。"

就业问题对于任何一个国家的政府而言都是一个难题，特别是对于我国这个拥有世界最多人口的国家来说更是如此。尽管如此，我国政府还是向世人展示了它着力解决"人口大国"就业问题的魄力。改革开放以来特别是近年来，为了促进充分就业，我国适时推出了积极的就业政策。这些政策主要包括税费减免、小额贷款、社会补贴、就业援助、主辅分离、就业服务、职业培训、失业控制、财政投入、社会保障等10项政策措施。在这样"天时地利人和"的大环境下，我国就业总量稳定增长。近年来，我国每年城镇新增就业保持在1000万人以上，城镇登记失业率控制在4.3%以下。然而，由于我国劳动年龄人口增长仍处于高峰期，未来几年，城镇需要就业的劳动力年均达到2500万人，供求缺口每年将达到1300多万，劳动力供大于求的格局并未改变。这样的国情决定了就业问题的解决之路任重道远。为此，从建立经济发展和扩大就业的联动机制，到健全政府促进就业责任制度，从消除城乡、行业、身份、性别等一切影响平等就业的制度障碍和就业歧视，到形成政府激励创业、社会支持创业、劳动者勇于创业新机制，再到促进以高校毕业生为重点的青年就业和农村转移劳动力、城镇困难人员、退役军人就业……党的十八届三中全会审议通过的《中共中央关于全面深化改革若干重大问题的决定》围绕健全促进就业创业体制机制这一总体目标，提出了一系列极具针对性、富有可行性的改革举措。

每到一年一度的全国"两会"，都有一些问题成为人们广泛关注的热点，但持续关注、热度不减的问题并不多，收入分配就是其中一个。据人民网"两会"调查，近10年收入分配关注度始终居高不下，2013年又名列第二。调查显示，98%的网友认为我国收入差距过大，许多网友期盼国家在收入分配制度改革上"动真格"。收入分配到底怎么改，关乎每个人的利益，牵动全社会的神经。尽管改革开放以来，我国收入分配制度改革逐年推进，与基本国情、发展阶段相适应的收入分配制度基本建立。但是，收入分配领域仍存在一些亟待解决的突出问题，城乡区域发展差距和居民收入分配差距依然较大，收入分配秩序不规范，隐性收入、非法收入问题比较突出，部分群众生活比较困难，等等。2013年春节前夕，一个涉及亿万百姓利益的文件出台了。这就是国务院批转的《关于深化收入分配制度改革的若干意见》。《意见》共7个部分，8000多字，既涵盖面宽，又把住了重点，标志着我国收入分配制度改革迈出了重要一步，为今后深化改革指明了方向、提供了遵循。在新一届中央领导集体履新近一年之际，人们期待即将召开的十八届三中全会能对推进这一改革做出进一步部署。

改革收入分配体制，首要途径就是逐步形成合理有序的收入分配格局，构建扩大消费需求的长效机制。对此，党的十八届三中全会审议通过的《中共中央关于全面深化改革若干重大问题的决定》围绕形成合理有序的收入分配格局这一核心目标，从着重保护劳动所得，健全工资决定和正常增长机制，改革机关事业单位工资和津贴补贴制度，完善以税收、社会保障、转移支付为主要手段的再分配调节机制，规范收入分配秩序等多个角度和方面，做出了明确部署，其所列举措字字一针见血、句句掷地有声。

社会保障与人民幸福安康息息相关，历来被称为人民生活的"安全网"、社会安全运行的"稳定器"。从某种意义上来说，社会保障体系完善与否，是衡量社会发达程度和国民幸福指数的标杆。从"普遍福利"到"社会保险"，从临时性、单一化的社会救济制度到长期性、综合化社会救助体系，从补缺型福利到适度普惠型福利，从优抚有保障到安置更多样，从计划经济体制下的"国家—单位"保障模式到市场经济条件下的"国家—社会"保障模式，从国有企业扩展到各类企业和用人单位，从单位职工扩展到灵活就业人员和城乡居民，从城镇扩展到农村，数亿人被纳入社会保障覆盖范围，改革开放以来，我国政府始终坚持全覆盖、保基本、多层次、可持续方针，以增强公平性、适应流动性、保证可持续性为重点，将全面建成覆盖城乡居民的社会保障体系作为重要目标来抓，从而编织起了一张全球最大的社会保障网。然而，这张社会保障网中的公平性问题、可持续性问题，层出不穷，这就亟待建立一种更具公平、可持续的社会保障制度。党的十八届三中全会审议通过的《中共中央关于全面深化改革若干重大问题的决定》围绕"建立更加公平可持续的社会保障制度"这一崭新目标，从坚持社会统筹和个人账户相结合的基本养老保险制度、健全社会保障财政投入制度、积极应对人口老龄化和加快建立社会养老服务体系、发展老年服务产业等多方面入手，推动社会保障网编织得更密、更加贴合人民群众的实际需要。尤其是，全会首次明确提出，研究制定渐进式延迟退休年龄政策。这对于实现社会保障可持续性发展，无疑具有重大意义。

健康是促进人的全面发展的必然要求。而医药卫生体制改革一直是社会领域改革的一大难题。2009年4月，一项民生领域的重大改革——深化医药卫生体制改革，在公众期待中"破冰起航"。针对看病贵这一突出难题，深化医改推出了一系列政策措施：提高医疗保障水平，建立国家基本药物制度，整顿药品流通秩序，公立医院改革"试水"医药分开……这些给力举措，在一定程度上缓解了看病贵。有一组数据最能说明问题：2013年，城镇居民基本医保和新农合的人均补助标准提高到280元，新农合政策范围内的住院费用报销比例约为75%，城镇居民基本医保为70%，切实改变着贫困居民"小病拖、大病扛"的状况。城乡居民大病保险制度，还使城乡居民在基本医疗保险报销后，再获不低于50%的补偿。截至2013年8月底，该制度已覆盖2.3亿城乡居民，累计补偿金额6.3亿元，为众多医疗负担较重的家庭雪中送炭。但是，我们也应当看到，切实减轻群众医药费用负担，任务还很艰巨。目前看病贵、看病难问题依然突出，群众反映依旧强烈，社会依然高度关注。解决好看病贵、看病难这一问题，关系亿万群众健康，关系万千家庭幸福，关系整个社会的和谐稳定。为此，党的十八届三中全会回应人民期待，明确提出了"深化医药卫生体制改革"的具体思路："统筹推进医疗保障、医疗服务、公共卫生、药品供应、监管体制综合改革。深化基层医疗卫生机构综合改革，健全网络化城乡基层医疗卫生服务运行机制。加快公立医院改革，落实政府责任，建立科学的医疗绩效评价机制和适应行业特点的人才培养、人事薪酬制度。完善合理分级诊疗模式，建立社区医生和居民契约服务关系。充分利用信息化手段，促进优质医疗资源纵向流动。加强区域公共卫生服务资源整合。取消以药补医，理顺医药价格，建立科学补偿机制。改革医保支付方式，健全全民医保体系。加快健全重特大疾病医疗保险和救助制度。完善中医药事业发展政策和机制。鼓励社会办医，优先支持举办非营利性医疗机构。社会资金可直接投向资源稀缺及满足多元需求服务领域，多种形式参与公立医院改制重组。允许医师多点执业，允许民办医疗机构纳入医保定点范围。"

七、创新社会治理体制

推进国家治理体系和治理能力现代化，是党的十八届三中全会对当前我国全面深化改革目标的新论断。全会公报除了在总目标中提出"治理"这一概念外，还在其他部分中多次使用这一名词，其重要性可见一斑。其中，较为引人关注的便是社会体制改革中的"创新社会治理体制"的提法。在以往的党和国家文件中，更多使用的是"社会管理"。从"管理"变为"治理"，折射出党的执政理念的重大变化。

从"社会管理"到"社会治理"，最核心的变化是治理主体的多元化。传统的管理一般是国家或政府从上至下的行政式的管理，治理是强调作为公共机构的政府和社会力量共同管理社会事务的过程。正如参与党的十八届三中全会文件起草组工作的中央财经领导小组办公室副主任杨伟民在接受新华社记者采访时所解读的那样："主体是多元的，治理与管理的区别就在于治理是政府、市场、社会组织，党、人大、政府、政协等多元主体一起进行国家治理，而不是仅仅依靠一种力量"。而这恰恰是对正确处理政府与社会关系的重要政策的回应。在2013年3月公布的《国务院机构改革和职能转变方案》中，提出了改革社会组织管理体制，使部分社会组织放开登记从地方实践变成了中央政策。据民政部统计，截至2013年上半年，全国依法登记的社会组织已经超过50万个。同时，多个地方政府还以购买服务、搭建孵化基地等方式为社会组织发展提供支持。很多社会组织积极关注中国社会矛盾最为集中和尖锐的医疗、环保、外来工权益等领域，他们不再被地方政府视为"搅局者"，而与政府产生了越来越多的良性互动。比如，在华东沿海省份山东和西部内陆的甘肃，都出现了针对医患关系的"医患维权协会""患者维权协会"，以提供咨询、引导合法维权、第三方调解等途径解决医疗纠纷，其作用也得到了所在地方政府的肯定。甘肃省卫生部门甚至基于维权协会带来的社会影响，要求医疗机构也设置相应的"患者维权站"。为了进一步适应社会治理主体多元化的发展趋势，《中共中央关于全面深化改革若干重大问题的决定》以更大的决心、更硬的举措，围绕激发社会组织活力这一点，明确提出："正确处理政府和社会关系，加快实施政社分开，推进社会组织明确权责、依法自治、发挥作用。适合由社会组织提供的公共服务和解决的事项，交由社会组织承担。支持和发展志愿服务组织。限期实现行业协会商会与行政机关真正脱钩，重点培育和优先发展行业协会商会类、科技类、公益慈善类、城乡社区服务类社会组织，成立时直接依法申请登记。加强对社会组织和在华境外非政府组织的管理，引导它们依法开展活动。"党的十八届三中全会所释放的这一改革信号表明，社会组织的角色将超越单纯的社会服务提供者，而向社会治理的参与者进化。

当然，从"社会管理"向"社会治理"的转变，不仅代表着社会治理主体的变化，而且也要求社会治理方式随之发生相应改变。以往的社会管理更加注重简单命令式、完全行政化的社会管理，而忽视了法治建设、思想道德建设、诚信体制建设、信息化管理、舆论引导、心理疏导等更加多元化的社会治理方式。对此，党的十八届三中全会审议通过的《中共中央关于全面深化改革若干重大问题的决定》围绕改进社会治理方式，分别从实现政府治理和社会自我调节、居民自治良性互动、坚持依法治理、坚持综合治理、强化道德约束、健全基层综合服务管理平台、健全重大决策社会稳定风险评估机制、改革行政复议体制、完善人民调解、行政调解、司法调解联动工作体系以及改革信访工作制度等方面，提出了一系列极具开拓性、创新性的改革举措。

值得一提的是，党的十八届三中全会专门将"健全公共安全体系"作为创新社会治理体制的一个重要改革思路加以论述，这突显了党和国家对于公共安全的高度重视。改革的具体思路包括："完善统一权威的食品药品安全监管机构，建立最严格的覆盖全过程的监管制度，建立食品原产地可追溯制度和质量标识制度，保障食品药品安全。深化安全生产管理体制改革，建立隐患排查治理体系和安全预防控制体系，遏制重特大安全事故。健全防灾减灾救灾体制。加强社会治安综合治理，创新立体化社会治安防控体系，依法严密防范和惩治各类违法犯罪活动。""坚持积极利用、科学发展、依法管理、确保安全的方针，加大依法管理网络力度，加快完善互联网管理领导体制，确保国家网络和信息安全。"

当然，在"健全公共安全体系"中，"设立国家安全委员会，完善国家安全体制和国家安全战略，确保国家安全"是最大的亮点。有舆论将其视为中国应对改革等领域潜在风险的重要布局。在中央党校亚太研究中心秘书长赵磊看来，设立委员会的意图包括：划定国家安全红线，透明宣示中国国家核心利益；统筹协调各方力量，积极维护国家安全，推进相关政策出台；整合顶尖思想库资源，提高国家重大安全决策的科学性和有效性等。事实上，伴随着世界形势的变化和中国国际地位的提高，中国面临的外部情报活动形式更加多样，渠道更为隐秘。同时，恐怖主义、分裂主义和极端主义的"三股势力"活动频繁，对无辜平民攻击的手段日趋残忍。因此，国家安全问题更加复杂，形势更加严峻，需多部门协作，在原有国家安全机制上建立新的应对机制。所以，通过设立国家安全委员会，能够更加有效整合各部门力量，更有力进行协调，有利于国家安全工作的整体规划，集中力量，协调行动。

八、加快生态文明制度建设

2013年新年伊始，空气污染给大半个中国来了一个"下马威"。从2013年1月11日起，全国大范围地区遭遇雾霾袭击，北京、石家庄等多地的主要污染物PM2.5浓度"爆表"，局部地区的浓度甚至超过1000微克/立方米。"如果中华大地被雾霾笼罩，如何看见她的美丽？"当"美丽中国"迅速成为高频词之时，曾有网友如此发问。一场覆盖百万平方公里的雾霾，更使生态文明建设的重要性、迫切性前所未有地突显出来。

是继续唯GDP是瞻？还是环保优先？"绿与黑"的抉择，关乎亿万群众和子孙后代的福祉。生态问题是当前我国经济要保持持续增长的最大瓶颈之一，还严重威胁到人口素质，据中国社科院等部门联合调查报告表明，PM2.5雾霾、土壤重金属超标等环境污染，对于人体的器官和功能有诸多的损害，长此以往，我国人口素质将下降，劳动力资源作为经济发展的根本动力受到影响，经济又谈何发展。因此，为保证我国经济持续增长改革必须注重环境问题的改善。

当今时代，建设生态文明越来越成为人类共识和协同行动。但是不可否认的是，长期以来我国经济都是一种粗放式发展，我们的生产方式脱胎于传统工业化的路子，以往主要拼资源、拼环境消耗带来的发展成果伴随着高昂的生态恶化代价。同时，生态治理却停留在头疼医头、脚疼医脚的打补丁、擦屁股阶段，走不出末端治理的圈圈。

生态文明建设既事关发展方式，又事关人民福祉。无论是着眼于当前的环境恶化现实，还是着眼于中国经济健康可持续发展的长远，我们都"必须"并且"加快"站在更高的层面来统筹发展经济和环境治理的问题，寻找更为有效的制度性解决方案。

党的十八大强调，要着力推进绿色发展、循环发展、低碳发展，形成节约资源和保护环境的空间格局、产业结构、生产方式、生活方式。十八届三中全会更进一步提出，要紧紧围绕建设美丽中国深化生态文明体制改革，加快建立生态文明制度；要健全自然资源资产产权制度和用途管制制度，划定生态保护红线，实行资源有偿使用制度和生态补偿制度，改革生态环境保护管理体制。这实际上就是从资源管理、环境管理、生态管理的视角创新人与自然之间的关系。

在许多专家学者眼里，"生态红线"是我国提出"18亿亩耕地红线"之后，另一条被提升为国策的红线。其实，"划定生态红线"的提法并不是第一次出现在官方的表述中。2011年10月出台的《国务院关于加强环境保护重点工作的意见》就明确规定，国家要"在重要生态功能区、陆地和海洋生态环境敏感区、脆弱区等区域划定生态红线"。2013年5月24日，习近平总书记在主持中共中央政治局第六次集体学习时，也提出要"划定并严守生态红线"，并强调"在生态环境保护问题上，就是要不能越雷池一步，否则就应该受到惩罚"。

不管是建立生态文明制度，还是划定生态红线，都是要按照科学发展观的要求，走出一条低投入、低能耗、少排放、高产出、能循环、可持续的新型工业化道路，形成节约资源和保护环境的空间格局、产业结构、生产方式和生活方式。2013年9月发布的《大气污染防治行动计划》，就体现了这一点。大气污染治理不再在末端治理的圈子里打转，而是直指发展方式的积弊，以大幅削减燃煤消耗、大幅淘汰落后产能为主阵地，将生产方式、生活方式的变革作为污染物排放总量减排的主要手段，为环境保护方式变革写下了很好的注脚。与此同时，重点湖泊水环境综合整治和重点流域水污染防治、美丽乡村建设在全国范围有序推进。

其实，党的十八大以来，一系列旨在构建生态文明建设路径的制度密集出台：2012年12月，环保部、国家发改委和财政部联合发布《重点区域大气污染防治"十二五"规划》要求严格环境准入，旨在形成环境优化经济发展的"倒逼传导机制"；2013年6月，最高法、最高检出台关于办理环境污染刑事案件的司法解释；2013年9月，国务院出台《大气污染防治计划》，北京、河北等大气污染防治重点地区在第一时间发布大气污染防治行动计划实施方案；2013年10月，"保护环境是国家的基本国策"写进提交全国人大常委会审议的环境保护法修正案草案……

我们应当看到，当前，构建生态文明建设长效机制的机遇期是好的，一方面，社会公众的生态保护意识逐步增强，参与的主动性和参与的程度不断提升；另一方面，生态资源破坏和恶化所形成的外部约束力形成了较强的"倒逼"机制。《中共中央关于全面深化改革若干重大问题的决定》明确指出："建设生态文明，必须建立系统完整的生态文明制度体系，实行最严格的源头保护制度、损害赔偿制度、责任追究制度，完善环境治理和生态修复制度，用制度保护生态环境。"并提出一系列具体的举措，为加快生态文明制度建设绘制了路线图。全面深化改革已经形成共识，只要我们坚定信心、长期努力，推动包括生态文明体制在内的一系列改革，形成人与自然和谐发展的现代化建设新格局就会实现。

第八讲
推进以人为核心的新型城镇化

面对城乡二元结构带来的诸多现实问题，积极稳妥推进城镇化，着力提高城镇化质量成为破题之举和当务之急。随着党的十八大明确提出了"新型城镇化"概念，中央经济工作会议进一步把"加快城镇化建设速度"列为2013年经济工作六大任务之一。"新型城镇化"已成为新时期的国家战略，积极稳妥推进城镇化，着力提高城镇化质量是我国现代化建设的历史任务，构建科学合理的城市格局，协调与资源环境承载适应能力，把生态文明理念和原则全面融入城镇化全过程，走集约、智能、绿色、低碳的新型城镇化道路是城镇化战略成功的关键。城镇化是内需最大的潜力所在，是经济结构调整的重要依托。推进以人为核心的新型城镇化，是城镇化的大方向。党的十八届三中全会审议通过的《中共中央关于全面深化改革若干重大问题的决定》将"完善城镇化健康发展体制机制"作为健全城乡发展一体化体制机制的一个抓手，给予了重点阐述。

一、新型城镇化是以人为核心的城镇化

"人们为了生活来到城市，为了更美好的生活而留在城市。"先哲亚里士多德在两千多年前就一语道出城市对人类生活的影响。能过上和城里人一样的好日子，也是我国农民最为朴素、最为直观的中国梦。当前，许多城市在创建"幸福城市"。这些幸福城市都是新型城镇化发展的最新成果。而城镇化实质上就是让更多居民享受幸福生活的过程，不仅市民更幸福，而且农村转移人口也能获得同样的幸福感受。

在当前经济增长过度依赖基础设施建设、部分行业产能过剩、外部经济环境长期低迷，经济的可持续增长缺乏新的动力和方向的情况下，新型城镇化成为我国扩大内需的最大潜力之所在，也是进一步深化经济体制改革的重要抓手。十二届全国人大一次会议闭幕后，李克强总理在与中外记者见面并回答新华社记者的问题时强调，新型城镇化是以人为核心的城镇化，必须和农业现代化相辅相成。《中共中央关于全面深化改革若干重大问题的决定》明确强调："坚持走中国特色新型城镇化道路，推进以人为核心的城镇化，推动大中小城市和小城镇协调发展、产业和城镇融合发展，促进城镇化和新农村建设协调推进。"

我国在改革开放35年时间当中，城市空间扩大了两三倍，城镇化率达到了52.57%。但是，空间城市化并没有相应产生人口城市化。我国有2.6亿农民工，户籍问题把他们挡在了享受城市化成果之外，他们是被城镇化、伪城镇化的。如果挤掉水分的话，我国只有36%的城镇化率。根据九三学社发布的调查报告，我国农村常住人口每年以1.6%的速度在减少，但宅基地却以每年1%的速度增加，有四分之一的住房常年无人居住。虽然有了一定收入，但很多农民工并不敢在城市花钱置业，而是将钱带回家修房子，修好后却又只能在过年时享受几天，于是造成了这种奇异的"空房子"现象，这无疑也是"半城市化"最现实的写照。

"我们强调的新型城镇化，是以人为核心的城镇化。"李克强总理的回应无疑切中要害。城市化的问题，当然离不开人力资源的流动、城市周边土地的征用等，但绝不能停留在这些物的变化上，更重要的还在于人的权利的维护。这需要改变我们的观念，让"城市的发展首先是人的发展"成为一种常识，也需要在现实之中给予城市中人以真正的市民待遇，更需要给予农民工等群体平等权利。"以人为核心的城镇化"，既让城市居民看到了畅快的交通、干净的空气，也为农民工把另一只脚也挪进城市提供了希望和动力。

城镇化起源于人的自然聚集，出发点、立足点和落脚点都应当以人为本。由于传统城镇化以物为本，片面强调规模扩张而忽视产业发展，强调密度而忽视承载吸收能力，强调速度而忽视消化转换能力，强调大、新、洋而忽视空间生态优化，因此导致了"城市病"、城市新居民"水土不服"等诸多弊端。而新型城镇化则新在以人为本，其核心是人的城镇化，本质是由偏重城市物质形态的扩张提升向满足人的需求、促进人的全面发展转变，由偏重数量规模增加向更加注重质量内涵提升转变，由偏重经济发展向更加注重经济社会协调发展转变，由偏重城市发展向更加注重城乡一体化发展转变。推进新型城镇化，要努力在改革攻坚中破解深层次矛盾，做到无论是经济增长还是社会发展，都要立足于让人完成城镇化。

城镇化包括土地的城镇化和人口的城镇化。当前，我国城镇化所取得的巨大成就，与大规模的城市周边及农村土地城镇化建设密切相关，由于这一阶段城镇化工作的重点主要集中在新兴城镇区域的基础设施建设上，比较依赖财政支出和资源投入，相对忽略了发展的质量和效益。因此，在推动地区经济社会较快发展的同时，也积累了诸多问题和挑战。可以说，当前影响我国城镇化质量的一个重要因素，就是人口城镇化明显滞后于土地城镇化。实际上，城镇化表现为人口大规模迁移，是农业人口转化为非农业人口的过程。同时，城镇化也应当是人口身份转换的过程，是迁移人口融入城市、分享城市文明的过程。然而，目前城镇常住人口还有相当一部分并没有成为真正的市民，没有从根本上实现从较低生存水平向较高生活水平和文明程度的转换。比如，在有些地方的城镇化进程中，农民的土地被征用后成为市民，但失地农民的就业问题没有解决，在其他生活条件和思维观念上都没有任何变化，仅仅是"被"城镇化而已。现实中大量的农民工虽然到城市里就业了，但他们的身份、生活、社保、住房都没有发生根本性的变化，并没有分享到城市发展的成果。针对这一问题，《中共中央关于全面深化改革若干重大问题的决定》提出了解决方案："推进农业转移人口市民化，逐步把符合条件的农业转移人口转为城镇居民。""稳步推进城镇基本公共服务常住人口全覆盖，把进城落户农民完全纳入城镇住房和社会保障体系，在农村参加的养老保险和医疗保险规范接入城镇社保体系。建立财政转移支付同农业转移人口市民化挂钩机制，从严合理供给城市建设用地，提高城市土地利用率。"

李克强总理在会见2013年"两会"的中外记者并回答提问时指出："现在大约有2.6亿农民工，使他们中有愿望的人逐步融入城市，是一个长期复杂的过程，要有就业支撑，有服务保障。"由此可见，在当前形势下，主要服务于经济增长的传统城镇化模式已难以为继，下一步应以人口的城镇化为重点，推动加强农业人口非农化、非农人口市民化，把以人为本作为新型城镇化战略的核心。也唯有走向以人为核心的新型城镇化道路，通过深化制度改革，打破现有体制的约束，转变发展方式和观念，让全体人民共同享受城镇化进程带来的发展成果，才能保证经济的健康持续增长，实现社会安定和民众幸福。

以人为本，推进人的城镇化，主要应解决五个方面问题：一是解决身份问题，即落户问题；二是解决保障问题，即全面推进基本公共服务均等化，为市民提供稳定的生活和工作预期；三是解决观念问题，建设中国现代城市伦理体系，深化城镇的信用和社会资本，培养适应城镇化需要的生产、生活、生态观念和行为方式；四是解决审美问题，复兴中国城市意境与城市美学。相比于以土地经营为主的"城镇经营1.0"，以城镇人文和产业生态系统经营为目标的"城镇经营2.0"需要地方政府具有更强的市场把握能力，更加精准、精细和精巧的管理技能，需要建立更加科学、更加综合的现代城镇规划管理体系和公共服务平台体系；五是要解决好城乡一体化的问题。习近平总书记在湖北考察时说，即使将来城镇化达到70%以上，还有四五亿人在农村。农村绝不能成为荒芜的农村、留守的农村、记忆中的故园。城镇化要发展，农业现代化和新农村建设也要发展，同步发展才能相得益彰，要推进城乡一体化发展。党的十八届三中全会提出改革城乡二元结构，促进城乡经济社会发展的一体化进程，为新型城镇化进程找出了一条路。而赋予农民更多财产权利，也为下一步农村改革指明了方向，对于提高农民生活水平，进一步激发农民积极性传递了重要信号。

二、积极稳妥推进城镇化，着力提高城镇化质量

改革开放以来，我国城镇化进程快速推进。截至2012年年底，我国城镇人口达到7.12亿，人口城镇化率提高到52.57%，达到世界平均水平。从城镇人口、空间形态标准来看，我国整体上已进入初级城市型社会。但是，从生活方式、社会文化和城乡协调标准来看，目前我国离城市型社会的要求还有较大的差距。也就是说，我国城镇化质量并没有与城镇化水平同步提高，城镇化速度与质量不匹配。

推进城镇化，核心是推进人的城镇化，关键是提高城镇化质量。当前，随着

我国城镇化进程不断加快，城乡结构发生根本性转变的同时，也出现了一系列亟待解决的现象和问题，比如，资源利用效率低下、城镇经济缺乏自生能力、房地产泡沫化严重、政府财政风险大、就业的不充分、收入分配M化、社会非包容性发展等众多"城镇病"蔓延，有的新城刚建成就成为"睡城""空城"，等等。对这些问题的求解，也引发了人们对城镇化质量等更深层次问题的关注。如何提高发展质量，将城镇化由数量扩张型转向质量增长型，实现由量到质的飞跃，成为城镇化建设中一个绕不开的话题。

对此，党的十八大报告明确提出"城镇化质量明显提高"的新要求。2012年年底召开的中央经济工作会议强调，积极稳妥推进城镇化，着力提高城镇化质量。城镇化是我国现代化建设的历史任务，也是扩大内需的最大潜力所在，要围绕提高城镇化质量，因势利导、趋利避害，积极引导城镇化健康发展。习近平总书记在参加十二届全国人大一次会议江苏代表团审议时更是明确要求，我们现在搞城镇化，不能单兵突进，而是要协同作战，做到工业化和城镇化良性互动、城镇化和农业现代化相互协调。在推进城镇化的过程中，要尊重经济社会发展规律，过快过慢都不行。

由于城镇户口与农村户口的分割，我国目前仍有近两亿生活在城镇里的居民没有城镇户口，无法享受与城镇居民一样的社会保障如医疗、教育、住房等基本公共服务的平等待遇，大量的农民工虽然实现地域的转移和职业的转换，但并没有实现身份和地位的转变，这样的城镇化并不是真正意义上的城镇化，最多只能算"半城镇化"。提高城镇化的质量，需要有序推进农业转移人口的市民化，让进城农民真正成为城镇居民。这就需要着力打破目前城乡分割的管理体制，在党的十八大报告提出的加快改革户籍制度和城乡一体化发展的基础上，《中共中央关于全面深化改革若干重大问题的决定》对此做出了进一步的部署："创新人口管理，加快户籍制度改革，全面放开建制镇和小城市落户限制，有序放开中等城市落户限制，合理确定大城市落户条件，严格控制特大城市人口规模。"由农业人口转为城镇居民后，还要让他们能够在就业、医疗、住房、教育等方面拥有与城市居民同等的社会福利，共享城镇化的利益和成果，成为真正的"城里人"。

与此同时，城镇化也不是简单的城市人口比例增加和面积扩张，而是要在产业支撑、人居环境、社会保障、生活方式等方面实现由"乡"到"城"的转变。传统城镇化注重城镇规模扩张，其主要表现：一是圈地拓城，摊大饼式发展；二是大城市发展快，中小城市和小城镇发展慢，与大中小城市和小城镇协调发展的城镇发展战略相左；三是土地财政使城镇化变成财政开源的主渠道，导致城镇化的扭曲；四是过分强调吸引外来投资，而忽视人力、文化、自然环境、地理优势等本地资源，忽视节约资源和保护环境，损失了城镇化本可带来的更多收益和发展潜力。显然，这样的城镇化有规模、无质量，以近利伤远利，是简单粗放的城镇化，既不科学又不可持续。新型的城镇化要求我们，应更加注重城镇的科学布局、统筹规划，特别是节约利用土地和各种资源，注重节能减排、低碳环保，完善城镇基础设施，提升城镇管理水平，力争最大限度地精用、盘活各种资源并放大其价值，力争用最小的资源消耗和环境代价取得最大的发展成效，使城镇的资源运作和价值创造更加绿色、更有后劲，使城镇更趋于宜居宜业、人与自然和谐相处。对此，《中共中央关于全面深化改革若干重大问题的决定》提出了较为具体的改革思路："稳步推进城镇基本公共服务常住人口全覆盖，把进城落户农民完全纳入城镇住房和社会保障体系，在农村参加的养老保险和医疗保险规范接入城镇社保体系。建立财政转移支付同农业转移人口市民化挂钩机制，从严合理供给城市建设用地，提高城市土地利用率。"

三、要把生态文明理念和原则全面融入城镇化全过程，走集约、智能、绿色、低碳的新型城镇化道路

眼下，全国各地都在探索如何推进新型城镇化建设。之所以强调"新型"二字，是为了和过去的城镇化道路有所区别。我国的城镇化进程已经持续了30多年，成就巨大，但问题也不小。其中，对于生态环境、生态文明的忽视，是带来诸多环境问题乃至社会问题的"病根"，值得反思。

很多地方在城镇化进程中，之所以造成今天环境污染、资源紧张、交通拥堵等"城市病"缠身，归根到底，还是因为过去粗放、盲目、无序扩张的发展方式所致；还是因为一味追求经济效益和城市规模，忽视可持续发展和对生态环境的保护；还是因为没有站在生态文明的高度，对城市、产业、人口进行合理的规

划、设计、安排，没有统筹协调好经济社会发展与资源、环境承载能力的关系。最终的结果，导致了各种资源和环境危机爆发，不仅城市不堪重荷，居民也难言幸福。这样的城镇化道路不能再延续了。

如何引导城镇化健康发展？"给自然留下更多修复空间，给农业留下更多良田，给子孙后代留下天蓝、地绿、水净的美好家园。"党的十八大报告深情地描述"美丽中国"，要求"把生态文明建设放在突出地位，融入经济建设、政治建设、文化建设、社会建设各方面和全过程"。2013年中央经济工作会议明确提出，"要把生态文明理念和原则全面融入城镇化全过程，走集约、智能、绿色、低碳的新型城镇化道路"。这意味着，在新型城镇化过程中必须把好"生态关"。只有把生态文明理念和原则全面融入城镇化全过程，走集约、智能、绿色、低碳的新型城镇化道路，才能用有限的资源尽可能地扩大生产，提高土地使用效率，提高资源利用效率，走向依靠效益提升来发展经济的集约化发展、内涵式扩大再生产的道路；才能通过大力兴办中小企业安置大量从农村转移出来的人口，将铺天盖地的"中小企业"变成"顶天立地"的"巨无霸"；才能实现"新型工业化、农业现代化、信息产业化和新型城镇化"以及建设"资源节约型"和"环境友好型"社会的有机结合，释放巨大经济发展潜力和人口巨大的生存空间。

城里城外、诗意栖居是中国梦的一部分，蓝天白云、青山绿水更是中国梦的一部分。中国梦的实现离不开新型城镇化和生态文明建设的双向支撑。在新型城镇化火炬点燃全国人民建设激情之际，我们更需要保持头脑冷静，确保新型城镇化这趟列车行驶在生态文明的正确轨道上。我们只有一个地球，毫无疑问，新型城镇化应当十分重视生态文明建设，做到开发与保护并重，协调、持续、平衡发展。然而生态基础设施的疲软和缺失却是当今城市建设面临的一个重大挑战。污水处理厂、垃圾填埋场和公园绿化并不是城市生态建设的全部。城市的净化、绿化、美化，需要完整的生态基础设施的支撑，包括"肾"——城市河流、湖泊、池塘、沼泽等的净化与活化；"肺"——城市自然植被、园林植被、城市林业、城市农业及道路的绿化与美化；"皮"——城市地表、建筑物、构筑物表面及道路等工程用地表面的软化与活化；"口"——污染物排放口及其周边影响范围、缓冲区和处置设施还原净化功能的完善；"脉络"——山形水系、风水、生态廊道及交通动脉的通达与活络等在内的生态要素的有机整合，才能为城市的生产、生活提供必要的生态系统服务。

在新型城镇化建设过程中，需要更富战略性的顶层设计和制度安排。如果在城镇化的推进过程中，没有实打实的生态文明建设目标、任务、计划，很容易沦为空喊口号。既无实施方案与步骤，也无从考核评价，很容易被强烈的利益动机所取代。而且完整的生态基础设施的支撑，不仅仅是种种树、搞搞绿化，建几座公园这么简单，更需要有经济的支撑。从产业来说，需要发展循环经济、低碳经济，做好能源、资源的节约和循环利用，以最低的消耗换取最大的产出；从城市来说，需要推进功能合理的规划布局，将不同的功能、职能疏散分解到不同的区域，追求均衡发展，切忌"摊大饼"；从环境保护来说，需要推广智能、节能建筑，优先发展绿色交通，推动垃圾、污水的就地无害化处理和资源化利用，建设有利于物质循环利用、具备生态服务功能的基础设施，从而降低人类活动对生态环境的不利影响。

新型城镇化之所以新，就在于它有别于过去的城镇化发展模式，其中最重要的，就是它摒弃污染重、破坏性强的粗放发展方式，向高品质、生态环保和可持续发展方向转型。因此，将生态文明理念融入新型城镇化建设，已逐渐成为一种社会共识。今天，我们要把生态文明理念和原则融入城镇化全过程，坚持"在发展中保护，在保护中发展"（第七次全国环保大会提出的新时期环保工作基本方针），二者不可偏废。新型城镇化不仅要算经济账，更要好好算一算生态总账。为此，我们要积极推进城镇化国土利用向开发与保护并重转变，切实处理好发展与保护、当下与长远之间的辩证关系，尽早将生态用地保护问题提上议事日程，确保新型城镇化"不带病""不坏事""不折腾"，具备可持续发展空间，断不可为了眼前利益而做出危及生态、祸及子孙的事情。

四、实现产业发展和城镇建设融合，让农民工逐步融入城镇

作为曾经的世界汽车工业中心，底特律的破产，给世人带来了震惊，更带来了沉重的思考。探求这个城市破产的原因，不难发现其"病灶"出在产业上。底

特律在城市走向衰败后，转而投资于城市建造，期望通过大规模的基础设施建设和城市更新改造，让城市再度复兴。然而，这不幸成为底特律失败的另一根源。底特律最著名的城市更新项目，当数文艺复兴中心，这个世界上最大的私人商业项目，旨在再造底特律市中心商业区，复兴这个曾经伟大的工业城市。但这一切，更多的是粉饰。仅2000年至2010年，底特律的人口就锐减了25%。当年花3.5亿美元建造的文艺复兴中心，最终以不到1亿美元的低价贱卖给了通用公司。

底特律城市更新改造的失败说明，城市从来不是建造出来的。城市最坚实的支撑是产业和人，建造只是它们的结果。城市已经衰败、空间大量剩余时，试图用进一步的建造和城市更新来将它激活，导致的不过是更多空间的闲置、更多土地以及基础设施的浪费。最后的结果，不过是房子的巨幅贬值和一个更加债台高筑的政府。

底特律的破产给我们带来的启示是，城市的发展，首先要注重产业的发展，以产业支撑城市发展，而不是简单地通过城建带动产业发展。重城更要重产，才是一个城市发展保持良性循环的根本要义。这对于我们今天推进新型城镇化建设而言，具有极为重要的参考价值。正如李克强总理所强调的那样："要实现产业发展和城镇建设融合，让农民工逐步融入城镇。"具体来讲，就是产业发展到哪里，城市建设跟进到哪里。绝不重蹈底特律城市建设的覆辙，绝不走重城轻产的路子。

当前，一些小城镇建设缺乏产业支撑，与工业化、现代农业脱节，成了有镇无市的"空镇"、有人无业的"闲镇"，致使城镇发展缺乏后劲。在城镇化过程中，很多农村富余劳动力将转移到城镇。这些农民进城不只是为了住进高楼大厦，享受城市的便利生活，更需要的是有稳定的工作和就业机会，实现安居乐业，才能成为城市的真正主人。无疑，要为农民创造稳定的就业机会就要依托产业做支撑。否则农民进了城无所事事，城市也留不住他们。新城没有产业发展，就成了"睡城"和"空城"。

产业是城市发展的基础，城市是产业的载体。坚持产业和城市同步发展，通过产业发展带动城镇化建设，以城乡建设的不断完善推动产业的优化升级，积极推动产业化和城镇化融合发展。城镇化可以扩大内需、培育新增长点，但要通过产业发展、增加就业和收入去实现。这就需要避免各级政府将城镇化作为一个扩大内需、增加GDP的抓手后，城镇化将更多地体现政府和官员的意志，而不是农民、市民和企业的意志，结果很可能GDP上去了，但以就业、收入、福利为内容的民生没有相应上去，甚至反而相对下来了。城镇化过程中的产业发展要以企业为主体，以市场为导向，在区域产业分工中发挥比较优势。发展生产性服务业，围绕城镇产业发展搭建平台，逐步完善农业服务、科技服务、商务服务、信息服务、金融服务等功能，促进创业、就业和产业发展。同时，大力发展生活性服务业，拉动产业发展、扩大就业、增加居民收入、带动消费。

当城镇化成为扩大内需的最大潜力时，如何有序推进农业人口市民化，让农民工真正融入城市已成为各级政府必须面对的难题。推进农民工市民化，关系到几亿人口的切身利益，关系到城镇化的健康发展，也关系到国家的长治久安。当前，农民工只是"进入"而没有"融入"城市的现象并不鲜见。有的农民工撇家舍业地进城务工多年，但因为城乡户籍制度藩篱没有打破，自己和子女的户口都没有着落，成了城乡中的"夹心人"；有的因工作是临时签订的合同工，虽然工作没有少干，甚至比正式工干得更多、更累、更苦，但看病没有保障，年老退休后也没有养老金，对城市缺乏"家"的认同；有的虽然解决了户口问题和住房问题，但入城后才发现自己说话方式和生活习惯都跟城里人不一样，缺乏亲友圈、朋友圈，感受不到乡下邻里关系的融洽，心里空落落的，很不适应。

多年来，农民工之所以难以真正融入城市，主要是由城乡二元体制导致的。《中共中央关于全面深化改革若干重大问题的决定》中明确指出："城乡二元结构是制约城乡发展一体化的主要障碍。必须健全体制机制，形成以工促农、以城带乡、工农互惠、城乡一体的新型工农城乡关系，让广大农民平等参与现代化进程、共同分享现代化成果。要加快构建新型农业经营体系，赋予农民更多财产权利，推进城乡要素平等交换和公共资源均衡配置，完善城镇化健康发展体制机制。"政府决意打破当前城乡二元结构的社会格局，建立城乡一体化新型社会，未来政府将坚定不移地加速城镇化发展步伐。

让农民工真正融入城市，是一个长期的系统过程，需要一步一步扎扎实实往前走。随着近年来我国经济的持续发展，打破城乡二元体制、推进农民工市民化，已经具备更多的经济力量和政策手段。从各地实践看，也在积极推进。比如，有的在试点居住证制度，让居住证持有人享有市民待遇；有的推进基本公共服务均等化、全覆盖，保证"同城人、同待遇"；有的实行户口与实际居住地一致的登记制度，完善了城乡统一的就业、社保、教育、卫生等公共服务和社会管理配套制度；有的为有稳定就业或者稳定收入来源的农民工办理本人及其直系亲属居民户口……应当说，这些试点和改革，对于推动农民工市民化发挥了巨大作用，当务之急是要进一步把成熟的试点和具有普遍适用性的改革措施推广开来。在打破政策制度二元壁垒和提供一些硬件服务的同时，还应在提供更多的软件服务上下功夫，给初步融入城市的人更多文化等方面的慰藉，帮助他们对城市产生更强的认同感和归属感。

第九讲
加快自由贸易区建设

  党的十八届三中全会对全面深化改革做出系统部署，强调"构建开放型经济新体制"。构建开放型经济新体制这一新提法，既是对中国35年开放型经济探索经验的继承与发展，也是改革开放在制度层面的具体化。而建设自由贸易试验区，则是构建开放型经济新体制的重要探索。《中共中央关于全面深化改革若干重大问题的决定》指出："加快自由贸易区建设。坚持世界贸易体制规则，坚持双边、多边、区域次区域开放合作，扩大同各国各地区利益汇合点，以周边为基础加快实施自由贸易区战略。改革市场准入、海关监管、检验检疫等管理体制，加快环境保护、投资保护、政府采购、电子商务等新议题谈判，形成面向全球的高标准自由贸易区网络。"

  建立中国上海自由贸易试验区是党中央在新形势下推进改革开放的重大举措，目的是为全面深化改革和扩大开放探索新途径、积累新经验。"这是中国新领导人的一项顶层设计"，英国《经济学人》杂志如此评论中国（上海）自由贸易试验区。上海自贸区是中国探索改革开放新路径的试验场，是用开放扩大内需，用开放形成倒逼机制，用开放促进新一轮改革的必然结果，是顺应全球经贸发展新趋势，更加积极主动对外开放的重大举措。上海自贸区的启动意义重大，在促进政府职能转变、管理模式创新探索、贸易和投资便利化等方面发挥了不可替代的作用。德国联邦中小企业联合会负责经济和政策事务的专家罗文尼希说："这一具有前瞻性的工程是迈向正确方向的一步。"把试验区建设好、管理好，发挥示范带动、服务全国的积极作用，拓展经济增长的新空间，打造中国经济

"升级版"。

一、用开放促进新一轮改革

中国的发展要依靠改革，也离不开开放。2012年12月5日，习近平总书记在人民大会堂同在华工作的外国专家代表亲切座谈时强调，我们的事业是向世界开放学习的事业。关起门来搞建设不能成功。他重申，我们要坚持对外开放的基本国策不动摇，不封闭、不僵化，打开大门搞建设、办事业。不开放，改革就会力道不足；不开放，发展就会事倍功半。2013年3月底的一次基层考察中，李克强总理指出："我们要用开放扩大内需，用开放形成倒逼机制，用开放促进新一轮改革。"

改革开放35年的实践表明，中国的发展必须在对外开放中不断推进，在扩大开放中扩大内需。2013年3月25日，李克强总理在人民大会堂同出席中国发展高层论坛2013年会的境外代表座谈时强调，中国发展面临"两个前所未有"。第一，13亿人口的大国努力实现现代化，在人类历史上前所未有。我们既有难得的机遇，也面临严峻挑战。从应对国际金融危机的实践看，要保持经济持续健康发展，必须将立足点放在扩大内需上，而且要长期依靠内需，把"四化协调"发展和城镇化这个最大内需潜力逐步释放出来。同时，要有相应的供给做支撑，要通过创新驱动，提升产业层次，补足服务业等短板，提高发展的质量和效益，打造中国经济"升级版"。第二，中国在现代化进程中要保护环境、节约资源，实现绿色发展，难度之大和受到的国际关注也前所未有。从历史上看，发展与环境是发达国家过去推进现代化中遇到的一对矛盾。如何在中国这样庞大的经济体走向现代化过程中，处理好这对矛盾，在发展中保护甚至优化环境，没有先例可循。这也是基本民生，必须有新作为，努力破解能源资源和环境等"瓶颈"制约，在探索中寻找出一条经济与资源环境协调发展的新路。

在改革开放进程中深入实施扩大内需战略。第一，在新的形势下继续处理好速度、结构、物价三者之间的关系，为在改革开放进程中深入实施扩大内需战略创造良好环境。第二，以扩大内需为战略基点加快推进经济结构调整。当今世界正处于大变革大调整之中，经济转型和结构调整成为国际大趋势。中国经济和世界经济已高度融合，在经济全球化、区域经济一体化、贸易自由化的大背景下推进现代化建设，必须不断提高我国开放型经济发展水平。要统筹国内国际两个大局，在进一步扩大开放中加快转方式、调结构。第三，把发展的出发点和落脚点放在保障和改善民生上。民生连着内需、连着发展、连着公平。保障和改善民生，既拉动消费，又增加投资，是扩大内需的重要举措和有效途径。第四，坚定不移推进重点领域和关键环节改革，深化价格体制改革、财税金融体制改革、投资体制改革等。我国改革已进入攻坚阶段，面临的都是难啃的"硬骨头"，必须以更大的决心和勇气推进改革。把发展与改革更好地结合起来，统筹谋划改革思路和举措。加强改革的顶层设计和统筹协调，尊重基层和群众的首创精神，研究制定改革的思路和政策，力求在深化改革开放上取得新突破。第五，在稳中求进中促进经济社会协调发展，把加快转变经济发展方式贯穿于经济社会发展全过程和各领域，在推动经济发展的同时，更加注重加强社会建设，促进经济社会协调发展。

没有深圳的开放，哪有20世纪80年代的改革？没有浦东的开放，哪有20世纪90年代的改革？"以开放促改革"，是中国取得成功的关键所在。改革开放35年来，我们不仅利用国际市场发展国内经济，更重要的是通过与国际接轨，推进改革不断深化。"开放"为"改革"提供动力。改革需要动力，但形成改革动力绝非易事。35年前，在打开封闭经济体看世界的过程中，中国人发现了与外部世界的差距，由此带来强大的危机感，并形成启动改革的强劲动力。同时，历史经验也表明，当我们开放有大的突破时，改革动力就增强；当开放遇到波折时，改革动力就减弱。一方面，开放使中国可以有效利用国际市场，为国内改革提供了良好的外部环境。改革不免有阵痛，不免有波折。如果这些阵痛与波折都集中在国内市场的话，无疑会加大改革难度。通过开放打开的国际市场，在某种程度上分担了中国改革的成本，降低了改革的阵痛，增强了改革的动力。另一方面，更为重要的是，开放"倒逼"改革，为国内改革提供动力。35年的对外开放，尤其是加入WTO后，全方位、制度性的对外开放极大地促进了我国国内体制的变革。仅以政府改革为例，与计划经济时代的政府架构相比，30多年来中国各级政府实质上进行了一次全新的再造。政府按照市场经济的规律开始改变自己管理经济的方式，并且借鉴国际经验改革行政体系。客观地说，尽管政府转型不尽如人意，但如果没有开放的倒逼压力，政府改革有可能远远滞后于当前。"开放"不仅能为"改革"提供动力，也能带来"倒逼"的压力，为什么呢？中国的开放还有相当大空间，还远未结束。中国成为第二大经济体，并不表明中国已实现了完全开放。未来5–10年，中国开放领域面临更为艰巨的挑战。适应世界发展趋势的变化，仍然需要通过开放倒逼改革。以低碳为例，环境问题是全人类共同面临的挑战。明确提出承诺减排目标，是一个国家有效融入国际社会、承担与经济实力相匹配的国际责任的重要方面。中国连续两个五年规划都提出了减排约束性指标，并且倒逼相应的改革向前推进。要在变化的世界经济格局中保障自身权益，也需要在开放中推进改革。国际金融危机以来，世界经济面临着再平衡的重大课题。这对中国是一个机遇，也是挑战。机遇在于，中国有希望扩大在国际经济领域的话语权，这在30年前是难以想象的。但中国要在国际经济规则的改变中保障自己的权益，就需要保持开放的状态并深化国内体制改革。支撑走出去的体制需要在改革中得到建立与完善。从注重"引进来"向注重"走出去"转变，是中国开放的一个重要变化，并且，当前国际经济格局的变化为企业走出去提供了重要机遇。这些年中国已经在探索走出去的道路，但面临相当多的障碍。根源之一就在于支撑走出去的体制还不健全，国内相关的规则与国际规则还有冲突，在某些方面体制机制与国际惯例还有比较明显的不协调。新阶段"走出去"的这种开放需求，将越来越成为倒逼国内改革的一个重要动力。

二、建设自由贸易试验区，是顺应全球经贸发展新趋势，更加积极主动对外开放的重大举措

位于上海东部的洋山保税港区、外高桥保税区和浦东机场综合保税区，面积仅有28平方公里，相当于上海市面积的1/226。但现在，这片土地正被寄予厚望，或将成为撬动中国新一轮改革开放的支点。早在2005年，上海、深圳、天津等地就向国务院及各部委提交了保税区向自由贸易（园）区转型的建议。2011年11月，在"第11届世界自由贸易园区大会"期间，上海正式向外界明确表明要建立自由贸易园区。2013年3月末，李克强总理在上海调研期间考察了外高桥保税

区，并表示鼓励上海在现有综合保税区基础上，研究建立一个自由贸易试验区。5月14日，上海自由贸易区项目获得国家层面立项。6月，上海方面将总体方案修改完善后，交给各部委会签。7月3日，国务院常务会议原则通过了《中国（上海）自由贸易试验区总体方案》。8月16日，国务院常务会议表示，拟提请全国人大常委会审议关于授权国务院在试验区内暂停实施有关法律规定的决定草案。8月22日，上海自贸区正式获批，标志着中国改革开放又上了一个新的台阶。

自由贸易区分为两种，一种是广义的，通常指两个以上的国家或地区，通过签订自由贸易协定，相互取消绝大部分货物的关税和非关税壁垒，取消绝大多数服务部门的市场准入限制，开放投资，从而促进商品、服务和资本、技术、人员等生产要素的自由流动，实现优势互补，促进共同发展；另一种是狭义的，用来形容一国国内，指一个或多个消除了关税和贸易配额、并且对经济的行政干预较小的区域。上海自贸区属于狭义自由贸易园区。上海自贸区将成为推进改革和提高开放型经济水平的"试验田"，它采取特殊的监管政策和优惠税收，对一国内的转口贸易、离岸贸易将有极大促进作用。上海自贸区是中国大陆第一个自由贸易区，有评论认为将为上海带来10年的发展红利。

建设中国（上海）自由贸易试验区，是中国主动顺应全球化经济治理新格局的重大举措。后金融危机时代，新的全球化经济治理格局正在形成：发达国家积极构建新型经济结构，新兴经济体加快崛起，全球金融、贸易、投资治理结构大调整，新产业革命催生新业态、新模式，全球发展重心向亚太转移。为此，建立中国（上海）自由贸易试验区，就是要主动顺应全球化经济治理新格局，打造我国新时期面向世界、深耕亚太的战略载体。

主动对接国际贸易投资新规则，是上海自贸区建设的出发点。近年来，在TPP（跨太平洋伙伴协定）、TTIP（跨大西洋贸易和投资伙伴协定）和BIT（双边投资协定）三大自由贸易谈判的推动下，国际贸易投资规则体系面临重塑，其动向包括：一是推行更高标准的贸易自由化；二是积极推进投资自由化；三是更加强调服务贸易自由化；四是更加强调公平竞争和权益保护。为此，建立中国（上海）自由贸易试验区，就是要先行试验国际经贸新规则新标准，积累新形势下参与双边、多边、区域合作的经验，为与美国等发达国家开展相关谈判提供实证样本和依据参考，进而为我国参与国际经贸规则的制定提供有力支撑。

中国（上海）自由贸易试验区，为主动承担全国开放战略的先行引领使命。适应国际国内发展新形势，对于中国而言，以开放促改革势在必行。我们要扩大开放领域，服务业领域成为重点；我们要提升开放能级，必须更多地引进跨国公司地区总部等功能性机构；我们要双向开放升级，走出去要注重形成研发、品牌、营销相结合的综合优势；我们要接轨国际惯例，按照国际通行规则完善开放型经济体制机制；我们要开放载体转型升级，促进保税区、保税物流园区、保税港区等功能创新，进而用开放形成倒逼机制，促进审批制度改革、投资制度改革、国有企业改革等重点领域攻坚，释放新的制度红利。从这个角度看，建立中国（上海）自由贸易试验区，就是要形成全国开放新格局中的先行试点，在接轨国际的制度规则、法律规范、政府服务、运作模式等方面率先实践，为我国深化改革开放提供可供借鉴的"制度试验池"和适合推广的新模式。中央要求上海当好全国改革开放的排头兵和科学发展的先行者，为中国经济升级起到示范作用。为此，建立中国（上海）自由贸易试验区，就是要主动承担全国开放战略的先行引领使命，为我国推动更高层次的、与我国国际地位相适应的开放创造经验、积累经验，引领全国开放升级。

三、以试验区建设促进政府职能转变、管理模式创新探索、贸易和投资便利化

建立中国（上海）自由贸易试验区，是党中央从国内外发展大势出发，统筹国内国际两个大局，在新形势下推进改革开放的重大举措，对加快政府职能转变、积极探索管理模式创新、促进贸易和投资便利化，为全面深化改革和扩大开放探索新途径、积累新经验，具有重要意义。

人们期待，上海自贸区能够推进政府行政管理体制的改革，给打造"有限政府"提供一个更为透明化、法制化与决策民主的"样本"。政府职能转变是上海自由贸易区的改革重点，把政府职能转变作为改革工作的重中之重，坚持问题导向、需求导向、市场导向，进一步理顺政府与市场、政府与社会、市与区县、政府部门之间、政府与事业单位等关系，紧紧抓住深化行政审批制度改革这一关

键，不等不靠，加大力度，深入推进；把加快试点建立自由贸易试验区作为开放倒逼改革的重要突破口，按照中央的统一部署，在国家部委的指导帮助下，紧扣节点，全力以赴做好筹备工作；抓住国家深化营业税改征增值税试点这个重大制度创新的机遇，进一步加强统筹研究，完善相关政策，做好扩围准备，保持先行先试效应，为推进结构调整、促进制造业转型和服务业发展创造条件；把实施居住证积分管理作为完善城市公共服务政策的重要抓手，细化方案，做足准备，稳妥实施，积极探索适应上海转型发展的更为科学合理的人口综合服务管理制度。通过以上措施的实施，一个令人民满意的服务型政府将展现在人们的面前。

贸易投资便利化将取得重大突破。国务院提请全国人大常委会审议并决定在试验区调整部分法律规定的行政审批和事项，决心在贸易便利化方面取得重大突破。受政策的驱动，相应板块将吸引更多高端制造、加工、贸易、仓储物流企业在自贸区落户，土地资源将更加紧张，而从事地产开发、园区管理以及物流贸易等业务的企业将最先受益。通常情况下，贸易便利化程度的提高将大大增加机场、港口、仓储物流业的竞争力。

建设自贸区也是让我国经济与国际接轨多了一个重要试验窗口。与国内现有的保税区体制相比，自由贸易园区在外汇管理、货物监管、企业建立等方面拥有更多的贸易便利化条件，因此也被视为保税区的"升级版"。上海建设自贸区的一系列政策落实之后，上海将实现离岸贸易与在岸贸易、物流功能与结算功能、内贸与外贸的统筹协调发展，成为上海国际金融中心、国际航运中心、国际贸易中心建设的最大结合体，为上海参与更大范围的国际竞争打开一扇大门；尤其是还能让上海更大程度地发挥交通、资金、人才辐射带动优势，促使整个长三角范围内出口加工、贸易、服务产业的发展。

建设中国（上海）自由贸易试验区，将会实现我国对外开放的新路径和新模式的探索，推动加快转变政府职能和行政体制改革，促进转变经济增长方式和优化经济结构，实现以开放促发展、促改革、促创新，形成可复制、可推广的经验，服务全国的发展，将有利于培育我国面向全球的竞争新优势，构建与各国合作发展的新平台，拓展经济增长的新空间，打造中国经济的"升级版"。上海自贸区挂牌后，诸多改革事宜逐步推开。比如，出台负面清单2013版，放宽投资准入，对于部分符合条件的外资进入和中国资本走出去取消审批制、实行备案制，服务业六个领域的开放已经公布并开始落实，监管模式也已落地，比如海关先入区后报关，再比如实行先照后证。改革的落地，激发了市场的热情。来自上海自贸区管委会的统计显示，截至2013年10月29日，该区"工商一口受理"办结外资新设企业21家，外资注册资本5.25亿美元，平均每家注册资本2500万美元，是去年平均每家356万美元的7倍；办结内资新设企业213家，内资注册资本27.5亿元，平均每家注册资本1300万元，是去年平均每家374万元的3.5倍。对此，上海市委书记韩正在接受媒体采访时表示，这次自贸区设立是很大的突破。根本没有优惠政策，整个设计就是坚持自主创新、体制创新，以市场为导向，真正让市场在资源配置中发挥作用，建立起更完善的市场机制。

四、把试验区建设好、管理好，发挥示范带动、服务全国的积极作用

中国（上海）自由贸易试验区有两个基本定位：第一，上海先行先试，面对变化的世界，变化的比较优势和国内外的形势，为中国下一步的开放和深化改革做试验。然后在总结经验的基础上，向全国推广。第二，争创中国在全球竞争中的新优势。立足于这两个基本定位，在国务院加强领导、上海市精心组织实施、有关部门大力支持下，努力把试验区建设好、管理好，发挥示范带动、服务全国的积极作用。就在上海自贸区加快建设的同时，包括天津、重庆、广东、厦门等多地也纷纷传出筹划申报自贸区的消息。

2013年7月3日，国务院常务会议原则通过了《中国（上海）自由贸易试验区总体方案》。在上海外高桥保税区等4个海关特殊监管区域内，建设中国（上海）自由贸易试验区，是顺应全球经贸发展新趋势，更加积极主动对外开放的重大举措。《方案》的主要内容包括进一步深化改革、加快政府职能转变、积极探索投资管理模式创新、扩大服务业开放、加快转变贸易发展方式、深化金融领域的开放创新、建立与试验区相适应的监管等制度环境等。据了解，《方案》最终将可能落实到金融、贸易、航运等五大领域的开放政策，以及管理、税收、法规等五个方面的一揽子创新。进一步深化改革，加快政府职能转变，坚持先行先

试，既要积极探索政府经贸和投资管理模式创新，促进贸易和投资便利化，扩大服务业开放；又要防范各类风险，推动建设具有国际水准的投资贸易便利、监管高效便捷、法制环境规范的自由贸易试验区，使之成为推进改革和提高开放型经济水平的"试验田"，形成可复制、可推广的经验，发挥示范带动、服务全国的积极作用，促进各地区共同发展。这有利于培育我国面向全球的竞争新优势，构建与各国合作发展的新平台，拓展经济增长的新空间，打造中国经济"升级版"。2013年8月16日，国务院常务会议提出，为推进中国（上海）自由贸易试验区加快政府职能转变，探索负面清单管理，创新对外开放模式，会议讨论通过拟提请全国人大常委会审议的关于授权国务院在中国（上海）自由贸易试验区等国务院决定的试验区域内暂停实施外资、中外合资、中外合作企业设立及变更审批等有关法律规定的决定草案。8月26日，商务部部长高虎城在十二届人大常委第四次会议上作了关于提请审议《关于授权国务院在中国（上海）自由贸易试验区等国务院决定的试验区域内暂停实施有关法律规定的决定草案》说明。为加快政府职能转变，创新对外开放模式，进一步探索深化改革开放的经验，8月30日第十二届全国人民代表大会常务委员会第四次会议通过了《全国人民代表大会常务委员会关于授权国务院在中国（上海）自由贸易试验区暂时调整有关法律规定的行政审批的决定》，决定在自由贸易实验区内暂停三类外资企业的部分审批，改为备案制度。

在国务院领导下，上海市的精心组织实施和有关部门的大力支持也是必不可少的。在各方的协调配合下，主要从服务业的开放着手建设试验区。上海现在经济发展结构有了很大的变化，以前是制造业为主，现在主要是服务业和高端制造业，重点分为以下几个方向：第一，增加金融创新的方式，金融领域试点最惹人关注，试点内容涉及金融方面的包括利率市场化、汇率自由汇兑、金融业的对外开放、产品创新等，也涉及一些离岸业务。第二，进一步开放服务业，现代服务业包括新兴服务业都会对外资开放，目前我国还未对外开放的一些领域将在园区里有更多的开放。第三，在货物贸易方向上，鼓励产业链、价值链中高端的制造业，出台一些优惠政策，包括对高端制造业进出口，技术创新的产品出口，引进一些专利技术，对研发中心的支持等。同时，对高端制造业的设备引进、产品出口多出台一些支持政策。自贸区通常会有通关便利化，在更大程度上开放物流运输以及对港口的直接对接。提供更多的优惠政策支持物流，在实施方面，赋予自由贸易园区更多的审批权。更多地让市场来决定，减少政府对自由贸易园区运作的干预。在推进市场化进程中，国家可能采取的不是给政策，而是减少，是减法。在这个自由贸易区内要实现加法和减法的共同作用。第四，对外贸易一体化。我国以前的保税区、海关监管区等一些自由的特殊监管地区对外开放采取海关通关，关税优惠。在新的形势下，上海自贸区实行对外贸易一体化的政策，既对外开放，同时对内也要开放。既要灵活并且适应现在形势的需要，同时又把外需投资和贸易很好地结合起来。

在上海自贸区的建设过程中，难免会遇到一些难题和风险，如自贸区的规则如何与国内现行法律制度相协调的问题及如何处理法律冲突问题，否则无法实现金融"特区"的效果。在上海自贸区建设中还要注意对相关风险的防范。特别是要注意防范制度套利和监管套利问题，防止资金非法在自贸区内外流动，扰动经济的正常运行。客观看待并解决好这些难题和风险，以便形成全国开放新格局中的先行试点，在接轨国际的制度规则、法律规范、政府服务、运作模式等方面率先实践，为我国深化改革开放提供可供借鉴的"制度试验池"和适合推广的新模式。

第十讲
法治政府与依法行政

　　无规矩不成方圆。法治是政治文明发展到一定历史阶段的标志，凝结着人类智慧，为各国人民所向往和追求。对于每一位公民而言，遵纪守法是做人的第一条要求。对于一个国家而言，法治更是治国理政的基本方式和现代政治文明的鲜明标志。党的十八届三中全会明确强调，建设法治政府和服务型政府。将法治政府与服务型政府放在一起进行论述，进一步凸显了法治政府对于建设服务型政府的独特价值。事实上，服务型政府建设与法治政府建设休戚相关。法治是相对于人治而言的，它强调的是政府行政权力运行的规范和方式。服务型政府是相对于管理型政府而言的，它侧重于政府行政的宗旨和导向。法治政府建设应当体现服务型政府的要求，服务型政府建设也应当致力于完善法治政府，两者不可偏废。

一、全面深化改革呼唤建设法治政府

　　法治，是人类历史发展过程中一个古老而又常新的话题。生成于古希腊与古罗马时期的法治思想及其理念对于人类社会政治制度的发展影响深远。萨拜因指出："大多数现代政治理想——比如说，正义、自由、宪政和尊重法律等理想——或至少是对这些理想的定义，都起源于古希腊思想家对各种城邦制度的思考或反思。"时至今日仍是政治学、法学等领域富有活力的议题，而且已经成为各国政府普遍遵循的执政法则、共同追求的执政目标。全球数十个国家75000名法学家通过《法治宣言》宣告："法治原则不仅要对制止行政权滥用提供法律保障，而且要使政府能有效地维护法律秩序，借以保证人们具有充分的社会和经济生活条件。"这个宣言肯定了依法行政的价值是行政权的有效行使。

法律的权威和地位是衡量一个国家、一个社会文明进步的重要标准。依法治国是我们党领导人民治理国家的基本方略。我国社会正在发生深刻变革，利益关系日益复杂，利益诉求日益多样，社会矛盾日益凸显，人们政治参与意识、民主法治意识、权利义务意识、公平公正意识普遍增强，对法治的期待越来越强烈，法治作用的空间越来越广阔。在中国特色社会主义法律体系已经形成的条件下，严格执法、公正司法、全民守法的任务更加繁重。而现实生活中，法治权威不够、有法不依、执法不严、违法不究、司法不公、徇私枉法以及信访不信法等现象依然存在。可以说，现在比以往任何时候都更加需要发挥法治在国家治理和社会管理中的重要作用，比以往任何时候都更加需要国家机关、社会组织、全体人民在推进依法治国进程中共同参与、共同建设、共同享有。习近平总书记提出，坚持依法治国、依法执政、依法行政共同推进，坚持法治国家、法治政府、法治社会一体建设。这句话进一步明确了全面推进依法治国的总体思路，显示了新的法治思维、法治理念和法治方略，对我国社会主义法治建设具有重大指导和促进作用。

党的十八届三中全会将"推进国家治理体系和治理能力的现代化"明确为全面深化改革的总体目标。而实现这一目标，不能再靠简单命令式、完全行政化的管理，更不能靠人治，而是必须依靠法治。这是因为：一方面，国家治理水平是检验改革体制是否完善、定型的重要标志，改革要形成相对稳定成熟的制度体制，而不是缺乏定势、变来变去的体制机制。而确保这些体制机制得以定型的核心途径就是将其上升到法律规制的高度。唯有如此，我们的任何一项改革才不会朝令夕改、随意变动。另一方面，此次全面深化改革的重点是经济体制改革，发挥其对其他领域改革的"火车头"牵引作用。而社会主义市场经济是法治经济。这就客观上要求经济领域的任何一项改革都不可能脱离甚至违背法律而推进和展开，都必须依法推进。此外，全面深化改革必然会遭遇一块又一块难啃的"硬骨头"，也必然会因触及某些既得利益者的利益而遭到抵触、抵制与反抗，这时，就迫切需要借助法治的力量，给予全面深化改革以保驾护航。

党的十八届三中全会将"科学的宏观调控，有效的政府治理"视为发挥社会主义市场经济体制优势的内在要求，并明确提出了"建设法治政府和服务型政府"的任务。可见，用法治化方式推进全面深化改革，关键就是要建设法治政府。在我国，法治政府的提出，经历了一个由浅显到深化的过程。党的十一届三中全会以后，党和国家的基本方针是，加强"法制"建设，强调发展社会主义民主、健全社会主义法制。20世纪90年代，经过理论上的一番争论之后，1996年3月八届人大四次会议的一系列文件包括《国民经济和社会发展"九五"计划和2010年远景目标纲要》将"依法治国"作为一项根本方针和奋斗目标确立下来；随后党的十五大正式将依法治国提升到"治国方略"的战略高度。"中华人民共和国实行依法治国，建设社会主义法治国家"写进了1999年的宪法修正案。从此，"法制建设"的表述改为"法治建设"。虽然仅一字之差，但是这反映了观念上的深刻变化，反映了一种全新的价值体系的确立。2003年8月，十届全国人大常委会第四次会议通过了《行政许可法》，用以规范行政许可权的运用，确立有效的监督和约束机制，强化行政机关的责任。2004年3月，国务院发布《全面推进依法行政实施纲要》，明确提出建设法治政府的奋斗目标。2010年11月国务院发布《关于加强法治政府建设的意见》，规定了提高行政机关工作人员特别是领导干部依法行政的意识和能力、加强和改进制度建设、坚持依法科学民主决策、严格规范公正文明执法、全面推进政务公开、强化行政监督和问责、依法化解社会矛盾纠纷等7个方面的任务，以及围绕上述7个方面任务的落实规定及具体措施。可以说，贯彻依法治国基本方略，推进依法行政，建设法治政府，是我们党治国理政从理念到方式的革命性变化，是我国政治体制改革迈出的重要一步。

法治政府有多种要素和特质，如有限政府、责任政府、透明政府、廉洁政府等，但最本质的要素和特质是服务政府，即为人民服务，为行政相对人服务。服务型政府强调政府行政的服务导向，同时是依法行政的政府。服务型政府之"服务"侧重于政府行政的宗旨和导向，法治政府之"法治"强调的是政府行政权力运行的规范和方式。两个概念是从不同角度对政府行政提出的要求。从这个角度来看，服务型政府是法治政府建设的必然结果。

"推进依法行政，建设法治政府，要求政府全面正确履行职责，政府要'正确地做事'和'做正确的事'。'正确地做事'就是要加强行政程序建设，政府要按程序办事；'做正确的事'就是要建设服务型政府，政府要加强服务工作。（2010年8月17日，湖南省委书记周强在省委工作会议上的讲话）""正确地做事"就是要求政府及其工作人员依法行政，"做正确的事"则是要求加快推进服务型政府建设。将"正确地做事"进行延伸和拓展，就是要"做正确的事"。这生动地印证了，建设服务型政府是法治政府建设的必然结果，法治政府的逻辑延伸就是服务型政府。当然，法治政府的核心要旨与服务型政府建设的基本内涵是相通的。一方面，法治政府的首要要求是人权保障，而人权保障必然要求政府以人为本，以保障公民的权益和增进公民的福祉为其一切工作的宗旨；另一方面，法治政府的基本要义是控权，控权必然要求政府减少规制，增进服务，保证权力真正为民所用，为服务公民所用。

二、依法行政是建设法治政府的重要保障

治国者必先受治于法。依法行政是现代法治社会对政府行政管理工作提出的基本要求，它要求行政机关的行政行为必须接受由立法机关制定的法律的约束，国家行政管理机关行使行政权力、管理公共事务必须有法律的授权并依据法律规定的方式和程度实施，政府的各种行政管理活动，都必须严格地依照宪法、法律和有关规定进行，绝不允许存在任何法外特权。正如李克强总理在主持新一届国务院第一次全体会议时所强调的，法治政府从根本上讲就是依法行政。依法行政之"法"，对于行政机关及其行政人员而言，既是约束权力滥用的"紧箍咒"，更是防范权力腐败的"护身符"。

法治政府的前提和核心在于规范权力的运行与权利的行使，实现两者在各自范围内平稳、有序的运行，而依法行政则为这一目标的实现提供了可行的制度保障。对于行政机关及其行政人员来说，法律是时刻带在身上的"紧箍咒"。虽然不同时期或不同国家的法律实质和内容都具有很大的差异性，但作为一种行政管理模式，接受法律的规范和约束一直是被作为依法行政的精髓来认识的。也就是说，依法行政的原则要求行政机关及其行政人员在管理国家和社会公共事务的过程中所行使的权力必须有法定的依据，必须受到法律的约束，受到法律所规定的各种权力主体的监督。

法律的这种"紧箍咒"角色，要求每一位行政人员必须时刻对法律保持敬畏之心。法治，是打造现代政府的题中应有之义，也是任何一项改革举措的保障。法律具有至高无上的地位，只有对它始终保持敬畏之心，才谈得上建设法治政府。敬畏法律，要求政府行政权的行使必须具有法律依据。"法无授权不可为"，对政府而言，凡是法律没有允许的都是禁止的。这是法治政府的行为边界。现实中，政府行政权力得不到法律的应有规制，执法行为失范、执法牟利、超越职权、滥用职权以及不作为等时有发生。这些现象与建设法治政府格格不入，必须严格规范行政执法行为，明确执法权限，细化执法标准，强化执法考核。只有这样，才能将政府的权力及其行使置于法律的监控之下。一个领导干部，只有对权力存敬畏之心，对法纪存敬畏之心，才能做到安全执政，平安着陆。根据中国核心智库——国务院发展研究中心发布"383方案"的改革思路，下一步依法行政将重点引导、鼓励公民、法人和其他组织依法行使行政诉讼手段，维护自身正当权益，监督行政机关依法行使行政职权。选取"民告官"典型判例，进行适当宣传。鼓励公益诉讼，允许集体诉讼，以减少上访和群体性事件。

法律对于行政机关及其行政人员而言，不仅仅是一种惩治腐败、约束权力的"紧箍咒"，更是一种有效防范权力滥用的"预防针"或"护身符"。法律的这种"护身符"功能，可以有效调和政府权力与公民权利之间的冲突，促使两者的有机结合，从不同层面上推动社会发展。人民是国家的主权者，公权力即政府的职权是由主权者即人民赋予的。公权力实质来源于公民的赋予，它一旦侵犯公民的私权利，就违背了它存在的初衷。计划经济时期的政府职权十分宽泛，公权力触及国家政治、经济和社会生活的各个领域，不可避免会侵犯到公民的权利；而法治政府的重要特征之一就是有限性，有限政府要求政府只能在特定范围内行使职权，政府职权的范围由法律赋予，超出这一范围的行为自然无效。与全能政府相比，法治政府划定了公权力的边界，限制了公权力的扩张，防止其侵犯到公民的私权领域，可以在无形之中调和或避免国家公权力与公民权利之间的冲突，有利于实现二者的友好互动，从而推动社会的发展。

再好的法律也要人去执行、去捍卫。人是构成政府诸多要素中最重要的要素，在这个意义上，推进依法行政，建设法治政府，就与建设具有法治精神的公务员队伍并无不同。行政机关及其行政人员没有理由不成为尊崇法律、廉洁奉公的表率，"为官发财，应当两道"也是古之明训，但"当官不发财，请我都不来""一人得道，鸡犬升天"一类观念仍颇有市场，这样的官员就在以实际行动动摇人们对制度的信仰。以依法办事作为选拔官员的重要标准，塑造政府工作人员的法治思维，养成一事当前先评估其合法性的行政习惯，及时纠正源自政府的违法违规行为，应当成为推进依法行政、建设法治政府的第一要务。只有具备了法律意识、法治思维，才会去进行科学民主决策，才能规范公正文明执法，才能保障人民群众依法享有各项权利和自由，才能促进经济社会各项事业又好又快发展。当前，一些地方对人民群众反映的突出问题久拖不决、处置失当，甚至引起干群纠纷和群体性事件，一个重要的原因就是不依法行政、不按政策办事。

三、依法行政首先应是依宪行政

国家主席习近平在2013年"两会"闭幕会上表示："我将忠实履行宪法赋予的职责，忠于祖国，忠于人民，恪尽职守，夙夜在公，为民服务，为国尽力，自觉接受人民监督。"国务院总理李克强在2013年"两会"中外记者见面会上表示："我们将忠诚于宪法，忠实于人民，以民之所望为施政所向。"全国人大常委会主任张德江在2013年"两会"闭幕会上表示："我们将同全体代表一道，以对国家、对人民高度负责的精神，忠实履行宪法和法律赋予的职责，恪尽职守，勤勉工作。"三位党和国家领导人在就职后的讲话，重申了党的十八大以来新一届中央领导集体遵守宪法的承诺，是凝聚宪法意识，创造尊重宪法氛围的延续与拓展。2012年12月4日，习近平总书记在首都各界纪念现行宪法公布施行30周年大会上深刻指出："维护宪法权威，就是维护党和人民共同意志的权威。捍卫宪法尊严，就是捍卫党和人民共同意志的尊严。保证宪法实施，就是保证人民根本利益的实现。只要我们切实尊重和有效实施宪法，人民当家做主就有保证，党和国家事业就能顺利发展。"习近平总书记的讲话，从宪法作为国家根本法的地位出发，为全面落实依法治国基本方略指明了方向。

毛泽东曾指出："宪政是什么呢？就是民主的政治"，"世界上历来的宪政，不论是英国、法国、美国，或者是苏联，都是在革命成功有了民主事实之后，颁布一个根本大法，去承认它，这就是宪法。"在建设法治政府的进程中，如何处理政府行政行为与宪法的关系是一项带有根本性的问题。

依法治国首先是依宪治国，依法行政首先是依宪行政。以往，我们党和政府在提及依法治国、依法执政思路时，过于强调党的领导，而相对忽视了宪法的权威地位。全面贯彻、实施宪法，是建设社会主义法治国家的首要任务和基础性工作。宪法是国家的根本法，是治国安邦的总章程，具有最高的法律地位、法律权威、法律效力，具有根本性、全局性、稳定性、长期性。

宪法是划定政府公权力边界的基准线。光有一纸宪法，不等于落实了依宪行政。真正落实"任何组织或者个人，都不得有超越宪法和法律的特权。一切违反宪法和法律的行为，都必须予以追究"，将"权力关进制度的笼子里"，宪法才能凸显生命力，体现权威力。宪法不会自动实施，需要有符合现代治理原则的制度设计。这个制度设计，本身就是宪法的基本内容。宪法中自然有对公民各项权利的规定，也要有对公权力的基本界定，有各项权力具体而科学的架构和运作规则。宪法只是原则性的说明。如何落实这些原则，需要有专门的司法机制。对那些违背宪法的法律法规、红头文件、地方土规矩，对违宪行为，要建立和完善可操作的审查途径。简言之，宪法要有牙齿，宪政才能落地。

党的十八届三中全会明确要求，要维护宪法法律权威。依宪行政，首先要突出宪法在行政行为中的权威性，形成尊重宪法的意识和自觉遵守宪法、宪法至上的氛围。政府制定的法律法规不能超越宪法，要经得住宪法的检验。有政府部门以"红头文件"的明文规定，在招聘过程中优先考虑本系统子女；个别部门强制公民植树，或强迫临街居民窗帘颜色要统一；还有些地方以公权力之名，行侵害公民权利之实。凡此种种，都是公权力过度扩张的表现。而宪法的作用之一，就是为公权力划出一个行使的边界。宪法规定，一切法律、行政法规和地方性法规都不得同宪法相抵触，还规定全国各族人民、一切国家机关和武装力量、各政党和各社会团体、各企业事业组织，都必须以宪法为根本活动准则。宪法规范着整个国家生活，为依法治国提供了明确的准则，因此依法治国首先要依宪治国。我国一直在努力通过宪法和法律为公权力划出一个行使的边界。"私产入宪"，物权法等法律法规的出台，就是我们试图在宪法和法律上明确"私人财产权"的宪法和法律保障，从而限制公权力干涉私权。

在现实生活中，我们注意到有这样一种现象：一些长期以来通过正常的法律途径难以得到有效解决的问题或案件，只要上报到某上级领导或地方首长，或者通过传媒或"内参"的曝光之后，幸而或偶尔为首长所垂顾，作个批示、指示，有关的执法机关、人员才不敢怠慢，立即"遵旨"而动，问题立马就能得到妥善解决。领导干部帮助人民群众解决现实难题，本是一件让人民群众拍手称快的好事。但是，如果一个国家及其法制只靠领导人的看法和注意力才能正常运转，那就确实有问题了。国家的治理，法制的推行，政策的落实，案件的公正判决，社会公平正义的伸张，完全系于一人之口或一人之笔，不仅领导因日理万机将顾此失彼，而且会养成个人权威至上，人治盛行。特别是当领导人的思想认识有偏差或权力关系不正常时，"长官意志"的错误和失误就难以避免。

2013年5月13日，国务院总理李克强在国务院机构职能转变全国电视电话会议上指出，市场经济的本质是法治经济，行政权力必须在法律和制度的框架内运行，同时也要依法规范企业、社会组织和个人的行为。建设法治政府，就是为了使行政权力授予有据、行使有规、监督有效。这种依长官意志办事、拍脑袋决策的方式，显然与建设法治政府的要求背道而驰。2013年"两会"李克强总理答中外记者问时，多次提到宪法和法律。在谈到建设法治政府时，李克强总理特别强调要把法律放在神圣的位置，无论任何人、办任何事，都不能超越法律的权限，我们要用法治精神来建设现代经济、现代社会、现代政府。这里所说的"法治精神"就是要求我们的政府必须敬畏法律、崇尚法治、祛除人治，就是要求政府意志要更多地通过立法来体现，通过法定程序将其上升为规范性的法律。

坚持依法立法。在我国，全国人大及其常委会行使国家立法权，负责制定法律，但法律草案可由国务院提出。国务院根据宪法和法律制定行政法规，部门根据法律和行政法规制定规章。省级人大及其常委会可以制定地方性法规。要坚决克服立法过程中的部门利益化倾向，坚决克服借立法之机牟取私利、损害公民和市场主体合法权益的行为。

坚持科学立法。法律本身具有一定的滞后性，社会一直处于飞速发展的状态，新情况、新案件层出不穷，在立法时很难对其完全预见和规范。所以，立"新法"与改"旧法"要并重，对出台时间早且长期没有修改、社会反映强烈的法律法规及时进行分析评估，对确实不符合经济社会发展要求的，要及时修改或者废止。

坚持民主立法，法治政府不同于以往的"包办"政府，它的权力来源于人民的赋予。立法的过程应当有人民群众广泛参与，保证人民群众的意见和建议得到充分表达，合理的诉求、合法的利益得到充分体现。近年来，我国在"开门立法"方面进行了积极探索，许多直接涉及群众切身利益的法律法规草案都向全社会公开征求意见，取得了比较好的效果。

党的十八届三中全会强调，要坚持用制度管权管事管人，让人民监督权力，让权力在阳光下运行，是把权力关进制度笼子的根本之策。而建立决策权、执行权、监督权既相互制约又相互协调的"行政三分制"，无疑是实现三中全会确定的这一改革目标的重要路径。"行政三分制"是指将政府的行政权力分解为决策权、执行权、监督权三部分，使之形成相互制约、相互协调的一种行政管理体制。它以行政权的重新划分、行政职能的优化合并、行政机构的重组为切入口，把决策、执行、监督职能按照一定的原则合理配置，构建一套新的行政运行机制。2009年5月初，《深圳综合配套改革试验总体方案》获国务院批复。在其所涉及的数项改革中，行政管理体制改革被列为首位，包括"行政三分制"改革。这一信号意味着，深圳在2003年大张旗鼓开始却又悄无声息流产的"行政权三分"改革，得以重启，深圳将在全国率先探索全新的政府架构，即将政府职能部门分为决策部门、执行部门、监督部门三大板块，各自运行。然而，在加强权力制约方面，虽然也采取了一些措施，但成效还是不大。一些地方和部门主要领导的权力仍然得不到有效制约，有的部门既当"导演"，又当"演员"，还当"评委"，自己制定规矩自己执行等现象普遍存在。

规范行政权力的运行，要靠法制和监督。目前，我国已经形成了一套比较完善的监督体系，包括人大及其常委会的监督、政协的民主监督，人民法院依法实施的监督，政府系统内部的层级监督和专门监督，以及新闻舆论监督、人民群众监督等社会监督。对此，李克强总理在2013年"两会"回答中外记者提问时表示："自古有所谓'为官发财，应当两道'。既然担任了公职，为公众服务，就要断掉发财的念想。我们愿意接受全社会、接受媒体的监督。我们还要建立和完善不能贪、不敢贪的反腐机制，让腐败行为、腐败分子依法受到严惩，绝不手软。更重要的是，要让权力在公开透明的环境中运行，使人民能够更为充分和有效地进行监督，这也是把权力涂上防腐剂，只能为公，不能私用。"

四、程序正义与依法行政

法律的生命在于执行，而执行的实现在很大程度上取决于程序。程序性规范是一个国家行政机关及其工作人员赖以生存的基础性规范。没有程序的行政法，就像一个无腿的长跑者；缺乏明确程序规范的执法权，就是没有实质意义上的执法权。强调程序规范的重要性，其实就是强调高楼大厦基础和框架的重要性。如果没有坚固的基础和框架，那么行政管理体系就随时会轰然倒塌。也就是说，坚持程序正义是依法行政的前提。

作为"看得见的正义"，程序正义是英美法系国家的一种法律文化传统和观念。这源于一句人所共知的法律格言"正义不仅应得到实现，而且要以人们看得见的方式加以实现"。用通俗的语言解释，这句格言的意思就是说，案件不仅要判得正确、公平，并完全符合实体法的规定和精神，而且还应当使人感受到判决过程的公平性和合理性。所谓的"看得见的正义"，实质上就是指裁判过程（相对于裁判结果而言）的公平，法律程序（相对于实体结论而言）的正义。程序正义观念摒弃了程序工具主义传统观念，强调程序本身所具有的独立价值，是程序价值理论发展的高级阶段。以行政执法为例，它是政府大量的、日常性行政活动，与企业和人民群众的切身利益密切相关，而且，政府执法部门的工作及其行为具有很强的程序性。按程序办事是实现执法部门行为的效率与公平的保证。执法行为的基本目标是追求高效率，维护社会的公平和公正。按程序办事，虽然是要耗费时间，但由于它的有序并能够通过这种有序对资源进行合理的整合与分配，恰恰能够得到高的效率。恰恰相反，不讲程序很容易使执法行为陷入杂乱无序之中，无法有效地整合各种资源，从而降低效率。可见，行政执法最需要严格按法定程序办事。

我国自古以来就是一个重实体、轻程序的国家，程序正义的理念在我国传统法律文化中几乎从来没有存在过。相反，重视实体正义或者实质正义，追求官方决定的正义性，将结果公正作为评判事情的最高的、唯一的标准，却是千百年来中国人始终不变的价值取向。即便是在"依法治国，建设社会主义法治国家"已经入宪的今天，由于历史传统、现行体制等原因，漠视程序、违反程序的现象仍然普遍存在。相关行政部门和执法人员程序意识淡薄，重权限轻程序、以程序为摆设、把程序当累赘，认为只要结果公正即可，至于采用何种手段、是否遵循程序，可以不必顾及。这种理念的危害显而易见，因为缺少了程序的保障，实体正义的实现会变得遥不可及。即便能够得到实现，这种以"看不见的方式"实现的正义，其价值必将大打折扣。

依法行政在彰显实体正义的同时，也应当更多地体现程序正义，实现实体正义与程序正义的统一。社会主义法治必须体现现代法治"实质正义"与"形式正义"的双重要求。一方面，社会主义法律必须为"良法"，必须体现广大人民的共同意志或根本利益，必须尊重与保护人权，必须体现社会正义，真正成为"人民自由的圣经"与"人民权利的保障书"。另一方面，社会主义法律不仅应该具有内容的明确性、规范的严谨性、程序的正当性等形式特征，而且应具有至上权威与相对自主性，一切政党、机关、社会团体与个人均应严格遵守宪法与法律，必须在宪法、法律范围内活动，一切违法行为均应追究相应的法律责任。

近年来，随着社会主义法治进程的推进，行政执法总体上有了很大改善。特别是1990年《行政诉讼法》将"符合法定程序"规定为合法性行政行为三大要件之一之后，行政程序法制在中国行政法治中的必要地位得以确立。经过20余年的努力，现在无论是人们的程序理念、理论研究以至实务程序法制建设，均取得了显著的进步、可观的成就和丰富的经验。程序正义的理念和认识大大提高，逐渐成为衡量立法司法执法活动合法公正与否的重要标准。然而在现实生活中，行政执法者利用法律所赋予的权力、侵害行政相对人合法权益，致使违背程序正义的现象和行为屡屡发生。例如，违法强制性拆迁，选择性执法，暴力执法，钓鱼执法，等等。程序正义在我国缺乏生存的土壤由来已久，它在我国本土化的实践是一项复杂的社会工程，它不仅需要对传统文化及法治理念进行整合和加强，还需要对现行法律制度实际运行进行反思。加强程序规范的立法，无疑是确保程序正义的根本之策。另一方面，要规定违反程序法的法律后果，完善监督制约机制。在我国诉讼程序中，缺乏违反程序法后果的规定是造成法律权威丧失和程序不正义的重要原因，如果立法规定只要违反程序法就否认其实体法的效力，那么程序的良好运作便会得到最大限度的保障。

程序正义关键在于落实，要体现在依法行政的各个方面。2013年5月7日，某地火箭罢免27岁副县长职务，引发热议。当地组织部门认定，该副县长提拔过程"未发现严重违规问题"，但未严格履行相关程序。现代的政治伦理告诉我们，无论出身如何，都应该遵循程序的公正，坚守规则的底线。只有严格按照程序，才能保证选拔官员的过程公开、透明；只有每一个选拔环节都按章办事，才能经受民意的质疑。而"火箭式"提拔事件恰恰就是"未严格履行相关程序"。从某种意义上来讲，免去"火箭官员"的副县长之职，就是对程序正义的一种纠偏和修复。尽管当地有关部门这样做遇到了不小的阻力，但及时纠错是重拾政府公信力的体现，给了社会有益的启示和有力的警示。

五、行政执法权力的行使与改革

2013年10月，北京市行政执法信息服务平台项目建设工作正式启动。该平台可以统筹管理全市各级行政执法部门及其所属执法机构和执法人员；集成各类执法业务基础信息，实时监督、检查和指导执法工作。同时，平台将向公众公开各类行政执法的依据、职权、程序和标准等，并推行行政执法人员资格和行政处罚决定书的网上查询。无独有偶。2013年5月，甘肃印发《2013年全省各级行政执法机关继续打好规范行政执法行为攻坚战重点工作安排的通知》，要求，各级政府和各行政执法部门要将执法人员信息在政府和部门的门户网站公布，接受社会监督。不论是行政执法信息服务平台的创建，还是行政执法人员信息的网上公布，都是剑指暴力执法、运动执法、趋利执法等执法犯法行为，都是对行政执法权力开展的一次大刀阔斧的改革。

从广义上理解，行政执法是指行政机关的一切行政行为，也就是指行政机关运用法律对国家与社会事务进行组织与管理的全部活动。从狭义上理解，行政执法排除了行政立法行为，是指行政机关依照法定的权限与程序，将法律运用到具体事或具体人的活动，属于具体行政行为。它主要包括行政许可、行政处罚、行政征收、行政确认、行政检查、行政强制、行政奖励、行政裁决等多种行为方式。人们一般是从狭义上使用行政执法权概念的。

改革开放以来，特别是自20世纪90年代以来，我国行政执法取得了一系列成绩。然而，随着改革的深化和经济社会的转型，行政执法的外部环境发生了非常大的变化，这给行政执法提出了新挑战，也使行政执法出现了不少问题。一是执法机关设置较为混乱。由于过去的机构及其职责是在计划经济体制下设置的，而且新旧体制交替过程中行政执法机构设置和职能分配尚未严格依法规范，以致行政执法体制存在着分工过细，执法部门设置过多、过滥，职权不清、责任不明，多头执法、多层执法的现象。执法机关之间条块分割，相互之间缺乏协调配合，职权交叉重叠现象较为严重。二是运动式执法过多使用。运动式执法在行动上讲统一，在声势上求浩荡，在方向上求一致，在效果上看数字，容易造成宽严失当的越权管理，而且形成一种奇怪的现象："问题发生之前，是'政府最小化'状态，政府对市场上发生的破坏游戏规则行为听之任之，无所作为；问题发生之后，是'政府最大化'状态，政府几乎耗费所有的资源去应对某问题，整个市场规则为此停摆，政府与市场都付出了太多的代价。"三是趋利性执法日趋盛行。趋利性执法是权力异化的催生剂，是行政机关滋生腐败的制度根源，必然导致行政机关在执法中突出部门利益，为罚款而执法办案；可罚可不罚的尽量罚，可少罚可多罚的尽量多罚，可单罚可并罚的尽量并罚；以罚没款多少考评执法办案力度；滥用自由裁量权等。四是行政执法缺乏程序正义。没有统一的行政程序法，无法适应依法行政的需要，造成执法程序的随意性较大。即使有些法律规定了行政执法的程序，但执法人员不遵守法定程序的行为时有发生。常见之于报端的违法强制性拆迁、选择性执法、钓鱼执法等，都属于此类。

这些问题的出现，不仅影响了行政执法的效果、效率，而且也严重损害了政府的形象与公信力。出现上述诸多执法问题的原因是多方面的，既有执法体制机制不顺畅方面的原因，也有公共财政保障不到位原因，既有执法人员自身素质的原因，也有执法外部环境方面的原因。但归根结底，还是因为行政执法制度本身的缺陷所造成的。"当前推进依法治国、依法行政，提高行政执法水平，关键是要对现行行政执法体制进行改革。……改革现行行政执法体制的近期目标是：按照合法、高效、公正、廉洁的原则，对行政执法行为进行规范、约束，整顿行政执法秩序，解决人民群众关心的不执法、乱执法的问题。"

党的十八届三中全会强调，要深化行政执法体制改革。事实上，行政执法体制改革的核心目标，就是要按照权力与责任挂钩、权力与利益脱钩的要求，建立权责明确、行为规范、监督有效、保障有力的行政执法体制。改革行政执法体制的一条重要举措就是，确立相对集中行政处罚权，推进行政综合执法。行政综合执法是指由依法成立或依法授权的一个行政机关综合行使由两个或两个以上相关的行政机关所具有的的行政职权，并能以一个整体执法主体的名义承担法律责任的一种行政执法制度。它不同于行政联合执法，也不同于行政联合执行，是具有独立的行政主体资格并能够以自己的名义进行的一种职能交叉的行政执法。

行政综合执法改革最早起步于1996年《行政处罚法》颁布实施后进行的"相对集中行政处罚权"试点工作。1997年5月，经国务院批准，北京市原宣武区率先在全国实施综合行政执法试点。此后，城市管理的综合执法开始在一些城市推开。2002年，国务院办公厅转发中央编办《关于清理整顿行政执法队伍实行综合行政执法试点工作的意见》，决定在广东省、重庆市开展试点，其他省、自治区、直辖市各选择1-2个具备条件的地市、县市进行试点，综合执法试点工作正式启动。2004年，涉及文化领域的中央7部门开始推行综合执法改革试点，2009年转入全面实施，2011年年底基本完成。在农业领域，自1999年起开始实行综合执法试点，将原来"七站八所"分散行使的处罚权集中行使。在资源环境领域，一般是将部门内设的多个执法机构和执法队伍加以合并，由新的综合执法机构统一行使行政处罚权。在交通领域，2003年交通部确定广东省和重庆市作为省级交通领域综合执法的试点地区。上述领域改革的共同特点是，综合执法在部门内部开展，执法机关也设在部门内，统一行使行政处罚权。

由于行政综合执法仍然没有在法律、法规层面上表述，实施行政综合执法的配套制度建设明显滞后，在实践中又引发出很多问题，这也是行政综合执法试行至今仍受到学界质疑的重要原因。其问题主要体现在：综合执法机构与相关职能部门的职责划分不够合理；综合执法机构与相关职能部门的工作关系尚未理顺；综合执法队伍管理不够规范，等等。由此可见，单靠综合执法并不能完全根治行政执法中出现的矛盾和问题，需要结合其他改革整体推进。也就是说，要将综合执法制度改革置于深化行政体制改革和建设法治政府的大背景下，应与大部门制改革相结合，在大部门体制下明确哪些执法职能是可以有机统一的，可综合的，从而确定综合执法的范围，整合执法资源，界定职责范围，理顺部门关系。

第十一讲
国家治理体系中的政府治理

在国家治理体系中，政府治理居于十分重要的位置。2013年3月14日，全国人大审议通过了《国务院机构改革和职能转变方案》。这一改革方案，解决了一系列事关重大、社会关注的民生问题，是建立中国特色社会主义行政体制的重要一步，必将为加快完善社会主义市场经济体制、全面建成小康社会提供有力制度保障。政府是改革的主体，政府职能转变和机构改革是全面深化改革的重要内容，我们要用壮士断腕的决心来推进政府职能转变和机构改革。《中共中央关于全面深化改革若干重大问题的决定》指出："科学的宏观调控，有效的政府治理，是发挥社会主义市场经济体制优势的内在要求。必须切实转变政府职能，深化行政体制改革，创新行政管理方式，增强政府公信力和执行力，建设法治政府和服务型政府。"据中央财经领导小组办公室副主任杨伟民介绍，"决定清晰界定了政府职能和作用，我认为可以概括为5项职能，即宏观调控、市场监管、公共服务、社会管理、保护环境"。

一、建设服务型政府是行政体制改革的核心目标

改革开放35年来，我国的行政体制改革持续推进。一路走来，经历了曲折，经受了压力、批评，但轨迹清晰，成效明显。在深化行政体制改革中，我国提出了建设服务政府、责任政府、法治政府和廉洁政府的要求，方向是建设人民满意的政府。人民满意的政府不是管制型政府，更不是统治型政府，而是服务型政府。

建设服务型政府自从2004年提出以后一直备受关注，那么究竟什么是服务型政府呢？服务型政府是由服务和政府这两个基本词汇组成的。关于服务，《新华词典》的解释是："为一定的对象工作。"《经济大辞典》的解释是："服务即劳务。"对于劳务，解释为："又称服务。指以劳动的形式而不以实物形式为他人提供某种使用价值的经济过程。"可见，服务就是为他人提供非实物的使用价值的活动，这种服务的提供基本上建立在交换的基础之上，建立在相互需要的基础上，是服务主体与服务客体双方自愿的交换过程。关于政府，《辞海》认为，"政府，即国家行政机关。国家机构的组成部分。"《布莱克维尔政治学百科辞典》认为："就其作为秩序化统治的一种条件而言，政府是国家的权威性表现形式。"从中我们可以看出，政府是一种国家行政机关，它集中体现着国家的权威，为了国家的稳定，拥有许多企业、社会组织所不具备的特殊功能。在此基础上，我们再看服务型政府。根据中央的有关精神，借鉴学界的研究成果，我们认为，服务型政府并不单纯地包括服务理念的建构，或是政府职能的转换，又或是某种行政体制的更新，它是一种相对于统治型政府、管理型政府而言的一种全新治理模式。

建设服务型政府，体现了我国深化行政体制改革的出发点和落脚点。通过深化行政体制改革，建设服务型政府，能够更好地体现行政体制改革的价值目标和准则。按照这一目标，遵循这一准则，责任政府、法治政府建设才不会偏离正确轨道，也才能真正建立起廉洁政府。建设服务型政府，体现了新时期公众对深化行政体制改革的新期待。随着我国工业化、信息化、城镇化、市场化的稳步推进和人民群众生活水平的不断提高，人民群众改善生活质量的愿望明显增强，对就业、教育、住房、医疗卫生、环境保护、社会保障、公共安全等关系到人民群众切身利益的基本公共服务提出了新的更高要求。通过深化行政体制改革，大力加强服务型政府建设，才能优质高效地提供公共服务，满足公众的新期待。建设服务型政府，是建设责任政府、法治政府和廉洁政府的前提和基础。宪法规定，中华人民共和国公民有劳动权、休息权、受教育权，在年老、疾病或者丧失劳动能力的情况下，有从国家和社会获得物质帮助的权利。公民的权利就是政府的义务，是政府的责任。建设责任政府，首先必须使各级政府履行好基本公共服务的责任。建设法治政府，就是要依法明确各级政府的公共服务职责，保障公民权利，规范政府行为。建设廉洁政府，就是确保各级政府清正廉洁，有效防止和坚决克服消极腐败现象。可见，在深化行政体制改革的四项基本要求中，服务型政府建设是基础，是核心，是根本。没有服务型政府，责任政府、法治政府和廉洁政府就成了无本之木。建设服务型政府，是不断改善民生、实现"十二五"规划目标的重要保障。当前，我国社会发展仍存在着许多问题，这些问题的存在不仅严重影响了民生的改善和社会公平正义，而且严重制约了科学发展和经济发展方式的转变。因此，只有深化行政体制改革，大力加强服务型政府建设，切实提高政府基本公共服务能力，才能够维护社会公平正义，保障和改善民生，化解社会矛盾，为实现"十二五"规划目标提供体制机制保障。

党的十八大报告提出，要按照建立中国特色社会主义行政体制目标，深入推进政企分开、政资分开、政事分开、政社分开，建设职能科学、结构优化、廉洁高效、人民满意的服务型政府。建设服务型政府，是由人民政府性质决定的，是深化行政体制改革、加强政府自身建设的核心目标，涉及经济体制改革、政治体制改革、文化体制改革、社会体制改革等领域，任务十分艰巨。当前和今后一个时期要着重抓好以下三个方面的工作：

必须牢固树立为人民服务的理念。把我们党为人民服务的宗旨贯穿到行政体制改革各方面和全过程，牢固树立以人为本的管理理念，尊重人民的主体地位，促进经济社会科学发展和人的全面发展；把维护好、实现好、发展好最广大人民根本利益作为政府一切工作的出发点和落脚点，最大限度改善人民生活、增进人民福祉；在经济发展的基础上，不断满足人民日益增长的物质文化需要，促进和维护社会公平正义，真正做到发展为了人民、发展依靠人民、发展成果由人民共享，最大限度地体现人民政府为人民。

必须强化政府公共服务职能。改革开放以来，我国政府职能经历了从微观经济管理向宏观经济管理、从主导经济发展向注重社会管理和公共服务的转变。强化政府的社会管理职能，加强和创新社会管理，正确调节社会各阶层利益关系，着力解决城乡发展差距、地区发展差距、社会成员收入差距等突出问题，加强对困难群体、特殊群体的权益保护、利益倾斜和社会救助，有效化解社会矛盾，维护社会公平正义，保持社会安定有序。强化政府的公共服务职能，围绕人民日益增长的物质文化需求，以保障和改善民生为重点，健全公共财政体系，加快建立惠及全体人民的基本公共服务体系，为人民群众提供更好更多的义务教育、基本医疗、社会保障等基本公共产品和服务，并不断提高公共服务的质量，推进公共服务均等化。深化行政审批制度改革，继续简政放权，减少政府不必要的行政审批事项，把一些不应该由政府审批的事项，或者可以由企事业单位承担的职能进行剥离，强化政府经济调控、市场监管职能，减少政府对微观经济活动的干预，促进社会资源的高效利用和充分流动，为经济发展和各类市场主体公平竞争营造良好环境。推进依法行政，规范政府行为，做到严格规范公正文明执法，防止和遏制各种腐败现象的发生，以廉洁高效的良好形象取信于民。

必须创新行政体制和管理方式。稳步推进"大部制"改革，整合行政资源，健全部门职责体系，解决职责交叉、推诿扯皮现象。要积极推进政务公开，建立高效的政务服务体系，继续完善各级政府及部门的"政务大厅"，推行"一站式服务"，在基层建立"政务超市"，提高政府透明度。加强电子政务建设，构建适应信息化时代社会发展需要的政府组织形态，提高政府效能。健全民主决策机制，在涉及群众切实利益的问题上要充分听取群众意见。推进政府绩效管理，规范政府收支管理和公务消费，降低行政成本，提高政府公信力和执行力。

二、从深化行政审批制度改革入手，转变政府职能

"门难进，脸难看，盖个图章跑半年；话难听，事难办，批个项目腿跑断。"这个形象的顺口溜是长期以来老百姓对行政审批的深刻印象。2001年以来，国务院部门已分6批先后取消和调整行政审批事项2497项，占原有总数的69.3%；31个省、区、市取消和调整了3.7万余项审批项目，占原有总数的68.2%。多头审批、多次审批、交叉审批、重复审批的情况基本改善，方便了群众办事，减轻了群众和企业负担。然而，在全面推行行政审批制度改革12年后的今天，仍有企业家感慨，投资一个项目竟要过53个处、室、中心、站，经100个审批环节，盖108个章，全程需799个工作日；甚至老百姓办个"准生证"，还需经过10多个单位盖章、40多个签字，耗时两个月。过多过繁且不透明的行政审

批，成为吃喝卡拿甚至腐败的重要源头。从一天陪洗8次温泉的副县长，到一晚赶8个饭局的接待办主任，匪夷所思的现象背后，有着深层次的原因。企业请政府、下级请上级、地方请中央，多是为绕开或利用各类行政审批在竞争中获取利益，享受更多资源和政策倾斜的"特权"。归根到底，还是由于政府管得太多太细、权责定位不清、决策不透明，该交给市场和社会的权力紧握不放，甚至使之沦为个人逐利的手段，扼杀了市场和社会的活力。因此，政府精简行政审批事项的空间仍然存在，审批事项仍然偏多，审批方式仍然繁杂，应该继续推进行政审批制度改革，继续简政放权，推动政府职能向创造良好发展环境、提供优质公共服务、维护社会公平正义转变。

行政审批制度改革是政府转变职能的突破口，是行政体制改革的重要内容。虽然近年来行政审批制度改革已初见成效，但仍然不断出现一些新问题。一是深化改革难度加大。虽然审批总项目不断减少，但留下的审批项目中不少是多年啃不动的"硬骨头"，一些项目审批的数量和力度甚至不减反增。二是部分行政审批改革"移花接木"。一些审批职能名义上从政府部门转移到下属学会或协会等单位，但实际仍由部门掌控，不仅未减少审批，反而增加了环节和一些强制性、随意性的事业收费服务，老百姓戏称"多了一堆婆婆"。三是出现新的审批形式。近年来，围绕相关领域的改革探索，各部门积极推进一系列试点示范工程，其中一些有发展成为新的审批形式趋势，导致一些地方或单位为了争取资金、项目等一揽子的优惠政策而"跑部钱进""跑厅钱进"。一些被废止的审批项目通过"打包"，进入其他审批项目。部分核准制、备案制有向审批制倒退的趋势。针对新问题的不断涌现，中央政府会继续简政放权，各地也要放开更多领域和更多经营活动审批，注重加强事中事后监管。"放"和"管"都是为了发展，放得越到位，管得越有效，越能激发市场活力，增强内生动力，更好惠及人民群众。

深化行政审批制度改革，需要进一步清理、精简和调整现有的行政审批事项。虽然各地政府现有的行政审批事项越来越少，但仍然有一些行政审批事项超过了《行政许可法》规定的6个方面的行政许可范围，一些可以通过其他方式规范的事项仍然设置了行政审批。要按照《行政许可法》的规定对现有行政审批事项进行全面清理，不符合规定范围的一律取消；能够通过其他方式规范的不继续留在行政审批事项之中，特别防止一些部门和地方利用"红头文件"等对公民、企业和其他社会组织提出限制性规定。没有法律法规依据、不按法定程序设定的登记、年检、监制、认定、审定以及准销证、准运证等，要一律取消。党的十八大以来，国务院已多次取消和下放行政审批项目等事项。2013年5月13日，李克强总理在国务院机构职能转变动员电视电话会议上宣布取消和下放133项行政审批等事项。5月16日，中国政府网对外公布了《国务院关于取消和下放一批行政审批项目等事项的决定》，取消和下放117项行政审批项目等事项。5月31日，国务院第10次常务会议通过《国务院关于废止和修改部分行政法规的决定》。6月19日，李克强总理主持召开国务院常务会议，决定再取消和下放32项行政审批，包括取消能源企业发展建设规划审批、铁路客货直通运输审批、出版单位变更登记等，下放电力业务许可、港澳台在内地设立独资医院审批等。11月1日，李克强总理在地方政府职能转变和机构改革工作电视电话会议上表示，中央政府分四批取消和下放了300多项行政审批等事项。原来以为，通过取消和下放审批事项激发市场活力要有一个过程，实际上这样一个强烈的信号发出后，对市场的预期、市场的活力、社会资本的调动，虽然不能说立竿见影，但已初见成效。社会投资和创业热情迸发，加快改革与调整结构叠加的效果，超出人们的预期。确实，通过大幅取消和下放行政审批事项，不仅使企业在更大程度上拥有投资"拍板权"，把投资引向能够促进经济结构调整的领域，也让政府腾出更多精力，加强事中事后监管，管好该管的事。

深化行政审批制度改革，要简化行政审批程序，改进行政审批方式。对申请、受理、审查、决定等各个审批环节一一进行甄别，尽可能缩短流程、简化手续、提高效率。严格执行审批期限。坚持阳光操作、公开透明，不仅审批项目要对社会公开，而且审批内容、审批过程、审批收费、审批结果都要公开，把审批全过程置于社会和公众的监督之下。酒类批发许可证工本费、农作物种子检验收费、社会保障IC卡工本费……这些与企业、农民、城市居民密切相关的收费项目，自2013年11月1日起正式取消。至此，2013年全国已统一取消和免征共计347项中央级和省级行政事业性收费。

深化行政审批制度改革，最重要的是进一步办好政务服务中心。所谓政务服务中心，是指在政府领导下由政府有关部门共同组成、行使行政审批和公共服务职能的行政机构。它承担的主要任务是为社会和公众服务，并把分散在政府各个部门的行政审批事项按照"应进必进"的原则集中在一起统一行使行政审批，实现了政府对行政审批的规范、有效和综合。政务服务中心实行"一个窗口受理""一站式审批""一条龙服务""一个窗口收费"，因此，行政审批实现了规范化、公开化，使各部门的审批相辅相成，联成一体，相互制约，相互监督。最近几年不少政务服务中心推行"网上受理""在线审批""在线评议""电子监察"，实现了审批服务"一号呼入""一网办理""一办到底"。政府要重视政务服务中心的建设和运作，及时研究和解决政务服务中心发展和运行中的重大问题，规范政务服务中心的审批和服务行为，加强对政务服务中心审批的指导和监督。选派素质高、能力强、业务精的工作人员到政务服务中心工作。政务服务中心要增强服务意识，创新服务方式，改进服务内容，规范服务行为，落实服务责任，提高服务质量，更好地担负起行政审批的责任。

三、以结构优化为保障，推进机构和职责整合

2013年3月10日将被载入史册，这一天"铁道部"在中国国务院组成机构名录中消失，彻底成为历史。作为"最后一个计划经济的堡垒"，铁道部的监管和商业职能分离，打破了铁道部这个政企不分、既当"运动员"又当"裁判员"、既行使管理权又进行运营的格局，政府与市场的边界进一步厘清。当天公布的《国务院机构改革和职能转变方案》将铁道部一分为三。一是铁道部拟定发展规划和政策的行政职责，划入交通运输部。二是组建国家铁路局，由交通运输部管理，承担铁道部的其他行政职责，负责拟定铁路技术标准，监督管理铁路安全生产、运输服务质量和铁路工程质量等。三是组建中国铁路总公司，承担铁道部的企业职责，负责铁路运输统一调度指挥，经营铁路客货运输业务，负责铁路建设，承担铁路安全生产主体责任等。除实行铁路政企分开外，还涉及另外五个领域的改革：卫生和计划生育、食品药品、新闻出版和广播电影电视、海洋、能源等领域均同时向"大部制"迈进。此次"大部制"改革新举措，是改革开放以来的第七次国务院机构调整，以终结曾经称雄一时的"铁老大"为标志，中国新一

轮政府机构改革再次迈入新征程。

改革开放以来，中国经济体制改革拉开序幕，中国政府迄今已经历了七次国务院政府机构改革。中国的机构改革在80年代主要围绕集权与分权的话题展开；到了90年代，政府改革的话题引向大政府与小政府的讨论；2000年以后，政府改革的主题进一步深化，那就是做一个有限政府，该管的管，不该管的不管。换句话说，一个有限政府不仅仅是权力的集中或分散、政府规模的大或小，而应该是一个职能明确的有效政府。经过这七次机构调整，国务院组成部门从30多年前的100个减少到现在的25个。中国政府此次"大部制"改革从机构增减数量上力度并不大，但显示"大部制"改革的思路已经开始发生新的变化。这次国务院机构改革的思路是更重职能内容而非重形式，不是单纯为了过社会上对于"大部制"的改革瘾而刻意追求数量减少，而是更注重效率提升和职能转变。

这几年"大部制"改革实践表明，如果改革仅仅局限于机构、人员合并的"物理反应"，不能形成职能整合、权力结构优化的"化学反应"，就很难真正带动政府职能的实质性转变，从而难以达到预期效果。为此，深化"大部制"改革，更需要把优化权力结构置于突出位置，在带动政府职能转变上有所作为，有所突破。

优化部门间权力结构，强化政府职能统一有机行使。这次"大部制"改革与以往不同，它的突出特征就是国务院机构改革同职能转变有机结合，强调机构改革服从于、服务于职能转变。因此，能否通过机构整合切实优化部门间权力结构，强化政府职能统一有机行使，是检验"大部制"改革成就的一个重要方面。首先，强化经济战略职能。以能源为例，我国是世界第一能源消费大国，国家能源局在重新组建之后，重在强化国家能源战略职能。这就需要统筹煤炭、石油、电力、新能源等领域的战略决策，实现国际国内能源政策的相互协调，采取强有力的政策措施推动国内能源结构调整，重点发展新能源。其次，强化市场监管职能，这次"大部制"改革需要在强化市场监管职能上有重要突破。未来3—5年是我国扩大内需、拉动国内消费，实现经济转型的关键时期。国家食品药品监督管理总局的组建，就是要强化监管的最终责任，改变餐桌上"九龙治水"的局面。电监会并入国家能源局，不是削弱电力行业的监管，而是要统筹考虑电力、石油、煤炭、新能源发展的现实需求，从国家能源战略的全局出发强化能源市场监管。最后，强化公共服务和社会管理职能。公共服务与社会管理职能薄弱，一定程度反映了部门间权力结构的不合理。国家卫生和计划生育委员会的组建，就是强化公共服务和社会管理职能的一个重要举措。这就需要服务于国家人口、健康发展战略，有效整合公共资源。当前卫生与计生各自有一套基层服务系统，如果能够通过改革合二为一，实现资源共享，建立起覆盖千家万户的基层公共服务网络体系，那么基层公共服务和社会管理职能便会有效提升。

通过政府向市场、社会、地方放权，推动政府职能转变。政府放权是这次国务院机构改革和职能转变方案的一个突出亮点。政府要向市场放权。政府在市场中的职能是制定规则、监督检查、维护市场秩序，而不是直接参与经营。但目前，政府职能缺位、越位、错位问题依然突出。政府把不该管的坚决放掉，让"有形的手"回到自己口袋中来，就会减少对企业和百姓的束缚，激发起市场和社会的活力。李克强总理在全国""两会""闭幕后的首场记者招待会上指出："这次改革方案核心是转变政府职能。"他指出"权力介入市场，成为当下中国政治、经济、社会、环境领域诸多弊端的根源，并威胁着社会稳定"。他解释说："如果说机构改革是政府内部权力的优化配置，那么转变职能则是厘清和理顺政府与市场、与社会之间的关系。"还是用李克强总理的话来说，就是"把错装在政府身上的手换成市场的手"，就是"削权"，是"自我革命"。又如李克强总理在地方政府职能转变和机构改革工作电视电话会议上所强调的那样，通过转变职能，把该放的权放下去、放到位，激发市场活力、需求潜力和发展的内生动力，可以有力推动结构调整、转型升级，促进以开放带动改革。政府要向社会放权。近年来，日益壮大的社会组织，承担了越来越多的社会服务职能。这次机构改革，组建国家卫生和计划生育委员会，在整合卫生和计生系统资源的时候，需要充分考虑到调动社会力量参与、壮大基层公共服务体系。加快基层卫生、计生事业机构"去行政化"改革，建立完善的法人治理结构，使之成为"公益性、专业性、独立性"的社会组织。大力支持和孵化公益性社会组织，弥补基层公共服务不足。人口城镇化所需要的公共服务和社会管理需要以社区为载体，应当采取配套改革，加大对社区的放权，将更多的人事、财务、管理权力下放到社区，在逐步推进社区自治的基础上赋予其更大权限，把社区做实、做大、做强。通过赋予基层社区更大的自治权，将社区打造为基层公共服务和社会管理的重要平台。当然，现在有的一些社会组织还是政府管理的机构，如果把权力放给这些行政化的社会组织，就可能还是在政府内部"转圈"，要切实防止这种现象。中央要向地方放权。李克强总理强调，把中央的相关权力放给地方，促进贸易和投资便利化，可以提高经济运行效率。通过简政放权可以做到政府不花钱能办事或少花钱多办事，这个道理我们要深刻领会。事实上，1993年的分税制改革以来，中央向地方放权已经取得了阶段性成就，推动了市场经济的发展。但是，在转变经济发展方式的新阶段，中央对地方一些事务的管理依然过细、中央地方事权与财力不匹配的问题依然突出。对此，中央尽可能将投资、生产经营活动审批权下放给地方，进一步下放中观管理的决策权，还要进一步下放财政管理权，使各级政府的事权与财力相匹配。当然，地方也要把中央放给市场的权力接转放开，把中央下放给地方的职能接好管好，把本级该放的权力切实放下去、放到位，把地方该管的事情管起来、管到位。

优化行政权力结构，实现决策权、执行权、监督权既相互制约又有机统一。把建立自上而下强有力的行政系统作为深化"大部制"改革的重点，按照到2020年建立起比较完善的中国特色社会主义行政体制的总体目标，完善国务院到各级地方政府从上至下的强有力的工作系统已经十分迫切。建立国务院自上而下强有力的行政系统，最重要的是实现按照决策权、执行权、监督权既相互制约又相互协调的原则，优化整个行政系统的权力配置结构，使行使决策权的对决策质量负责、行使执行权的对行政效率负责、行使监督权的对监督效果负责，由此建设责任政府。建立以"大部制"为重点的行政决策系统，把理顺行政决策责任主体关系作为深化"大部制"改革的首要任务，以强化决策主体行为的有效性为重点深化"大部制"改革，通过"大部制"改革着力解决行政决策权既过于集中又过于分散的问题，强化各个部委的决策主体职能，实质性地提高决策效率和质量。建立法定化、专业化的行政执行系统，按照决策、执行分开的原则，以提高独立性和专业性为路径，完善行政执行系统，切实提高行政执行力。依法赋予行政执行系统相对独立的人事权，将所属事业机构改革为法定公共服务机构，采取合同外包、服务购买等手段提供公共服务，实现公共管理的创新。建立权威性的行政监督系统，随着"大部制"改革的逐步深入，需要超脱于决策权和执行权，具体设计审计、监察等行政监督权的制度安排。在加强人大、司法监督的前提下，可以考虑通过赋予审计、监察机关更高的权威性，进一步完善行政监督，确保外部监督有力，内部监督有效，走出一条权力制约权力与社会监督权力相结合的新路子。

四、以廉洁高效为关键，提升政府运作效率

廉洁高效是服务型政府的题中之义。当然，政府可以通过科学化、技术化的路径实现高效，也可以借助集权的方式去强力推动廉洁高效。然而，如果政府自身达不到廉政高效要求的话，政府的科学化、技术化可能会让政府在错误的轨道上运行，从而与所期望的廉洁高效的距离越来越远。所以，政府实现廉洁高效可以看作是它的一切职能得以实现的保证。

"新一届政府要完成好持续发展经济、不断改善民生、促进社会公正三大重点任务，必须着力建设创新政府、廉洁政府、法治政府，其中建设廉洁政府十分关键。廉洁是公信力的基石。如果不能有效遏制和解决腐败问题，政府就会失去公信力，人民就不会相信我们能把其他事情办好，我们的一切工作和努力就有可能付诸东流。"在国务院第一次廉政会议上，李克强总理道明了廉洁政府建设对于新一届政府工作的核心要义。

李克强总理从六个方面阐述了如何建设廉洁政府：一是简政放权。抓紧推进职能转变，下决心把该放的权力放下去，这是反腐倡廉"釜底抽薪"之策，也有利于激发社会活力和创造力，释放制度红利。不能干了市场的活儿，弱化甚至失了政府的责。二是管住权力。防止腐败的利器之一是深化改革，特别要加快推进公共资源交易市场化改革，同时以完善的规则和严格的法律制度，来约束和规范权力运行和政府行为，从源头上减少和治理腐败。三是管好钱财。筑牢预算约束力的防线。财政资金、公共资产都是纳税人的钱，任何人都没有贪污浪费的权力。建立公开、透明、规范、完整的预算制度，把政府所有收入和支出都纳入预算，逐步做到所有政府开支都要事先编制预算，让人民能有效进行监督。取消不

合法、不合理的行政事业性收费和政府性基金项目。四是政务公开。让权力公开透明，也是最有效的防腐剂。要及时主动公开涉及群众切身利益的环境污染、食品药品安全、安全生产等信息，向人民群众说真话、交实底。深化细化预算决算公开和"三公"经费公开，从今年开始，要逐步实现县级以上政府公务接待经费公开。公开的形式要通俗，要让老百姓看得懂，可以有效地监督政府。五是勤俭从政。要把倡俭治奢、倡勤治懒，作为转变政风的工作重点。在财政增收趋缓而刚性支出增加的形势下，政府必须首先过紧日子。有困难不能难百姓，只能难自己。本届政府任期内，要坚决落实国务院向社会承诺的"约法三章"。严格公务用车、机关办公室使用标准等，推进公务用车服务市场化。在公务接待方面，政府和国有企业都要有严格规定，能俭则俭。切实减少会议和文件。六是依法促廉。让权力在法治的轨道上运行。各级政府和工作人员必须严格按照法定的权限和程序行使权力，履行职责。所有行政行为都要于法有据、程序正当。不作为或乱作为，要依法承担责任。古语说："公生明，廉生威。"廉洁是政府公信力的基石，一个依法行政、廉洁高效的政府是人民所期盼的，只有做到这些，人民才会拥护。

任何管理活动都必须高度重视效率问题，行政管理活动更是如此，因为没有不讲效率的政府。如果说经济工作的结果主要体现在经济效益和劳动生产率上，那么政府管理最终要体现在工作效率上。高效是政府管理活动追求的最终目标，它贯彻在行政管理的各环节、各层次之中，是行政管理体系中多种因素的综合反映。高效作为服务型政府追求的目标是无可置疑的，政府通过计划、组织、指挥、协调、控制等手段，对国家和社会公共事务进行管理，成本越低、产出越高，其效率也越高。服务型政府离开了这个目标，就毫无意义了。如果政府不追求高效，经济就不可能发展，社会就不可能进步，人民生活水平也不可能提高。当然，仅有高效是远远不够的，要让人民满意，还必须注意公平。

高效也是检验行政改革成果的重要尺度。十二届全国人大一次会议闭幕后，李克强总理在人民大会堂与中外记者见面并回答记者提问。他不但谈及了施政目标、反腐问题、环境和食品安全、大国关系等热点问题，而且还谈及了城镇化改革、政府削权等难点问题。凡是国内外舆论关心的焦点话题，李克强总理基本上都给出了自己的答案。尤其是"改革贵在行动，喊破嗓子不如甩开膀子"的表态令人印象深刻。"喊破嗓子不如甩开膀子"，说的就是实干精神，也就是我们常说的勤政。所谓勤政，就是指要有高度的事业心、责任感和敬业精神，认真履行工作职责，不懒惰、不消极怠工、不投机取巧和推诿拖拉，以积极认真、尽职尽责的态度对待工作，以苦干实干加巧干的精神勤奋工作，成就事业，服务人民。可见，只有勤政，才能建设高效的政府。

廉政和勤政，如车之双轮，鸟之两翼，从政者缺一不可。勤而不廉要出事，廉而不勤要误事，不廉不勤更坏事。公务员特别是领导干部，必须廉洁从政，但只做到廉政，不当贪官，这个要求太低了；更重要的是勤政，要为人民群众多办事、办好事、办实事。也就是说，只有做到既廉政更勤政，才是人民的公仆。一个干部能力再强，工作再勤奋，但在廉政上出了问题，就丧失了根本；而一个干部再廉洁，但不为人民群众办事，就贻误党和人民的事业。

五、以人民满意为归宿，解决事关民生的突出问题

2013年3月26日，央视新闻频道《新闻1+1》栏目播出了一期题为《追问"夺命"井盖》的特别节目。3月22日晚，长沙突降暴雨，21岁女子杨丽君不慎坠入下水道，随即被急流卷走，随后下落不明。"一个井盖可以考量一座城"，面对发生在长沙的事件，有媒体用这样的标题衡量着城市的基础设施建设和维护管理，主持人在节目中提出了一系列质疑。在调查过程当中发现，一个小小的井盖却非常复杂，一个井盖有市政、供电、煤气、自来水、热力、广电、联建、网通、移动、电信、交警、公交、园林等15家责任产权单位。这还是一个媒体当中报道的，有的地方可能还会或多或少一点，但是"多龙治井"这样一个情况的确是存在的。2013年国务院的机构改革把食品药品的相关机构都合并到一块了，难道一个井盖也需要中央或国务院来管吗？地方能不能先把这个问题解决好，不麻烦中央呢？这所谓的"疏忽"，在一场悲剧后的排查中再次集中暴露，这不得不让我们对个别政府部门的工作产生某种质疑。

尽管这只是政府开展社会管理与公共服务的一个侧面，并不能证明和体现政府整体满意度的高与低。但是，不可否认，时下，不仅是人大代表，人民群众对

政府也存在着诸多不满意的地方。邓小平说过，我们的政府是人民的政府，应该以人民高兴不高兴、人民答应不答应、人民满意不满意，作为政府施政的目标。因此，我们的党和政府就要以人民满意为归宿，重点解决事关民生的突出问题。

理顺职责是基础。从问题牛奶、毒胶囊到地沟油，一段时间来，食品药品领域问题频发，社会各界对食品药品监管的质疑之声不绝于耳。食品药品直接关系人民群众身体健康和生命安全。过去，人们通常用"九龙治水"形容食品药品监管现状，由于管的部门太多，出了问题也不知道该找谁。食品药品监管，涉及10多家监管部门，部门之间并非领导和监督关系，相互间缺乏有效协调和统一管理，容易陷入有利争管、无利不管的怪圈。这次改革，改变以前食品药品分段监管体制，整合管理机构，减少职责交叉重复，理顺权责关系，实现对生产、流通、消费环节的食品药品的安全性、有效性统一监督管理，将为百姓的食品安全提供一个体制保障。以牛奶为例，第一个环节是农业部对牛奶源头上要把握好，进入生产、流通、消费环节后，就由新组建的国家食品药品监督管理总局来监管，最后由卫生部门进行评估。评估后将信息反馈给上述两个部门，由他们来进行改进，这样就构成了一个无缝隙的监管流程。在这次机构改革中，涉及群众切身利益的职能机构得到进一步优化，让人民满意成为机构改革的重要参照系。

简政放权是关键。该管的没管好，不该管的管了太多。长期以来，政府在一些方面的角色错位、越位、缺位，成为制约发展的瓶颈。机构改革核心是转变职能，要义在于简政放权，必须改革政府权力运作模式，真正实现政企分开、政资分开、政事分开、政社分开，减少和规范行政审批。要逐步实现公共服务由"政府直接提供、直接管理"变为"政府购买服务，实施评估监管"的方式，加快形成政社分开、权责明确、依法自治的现代社会组织体制，不断创造良好发展环境、提供优质公共服务。进一步简政放权势必触动一些长期形成的利益格局，势必要啃"硬骨头"、涉"险滩"。但是，改革关系经济社会活力、关系国家民族命运，必须坚决推进。正如李克强总理在2013年""两会""记者会上所言，"这是削权，是自我革命，会很痛，甚至有割腕的感觉，但这是发展的需要，是人民的愿望。我们要有壮士断腕的决心，言出必行，说到做到，决不明放暗不放，避重就轻，更不能搞变相游戏。"

依法行政是保障。打造人民满意的政府，让权力在法治的轨道上运行，是重要保障。管住政府"有形之手"，防止权力滥用，必须加强制度建设和依法行政。宪法和法律是政府工作的根本准则，各级政府机构及其工作人员必须带头维护宪法法律权威，善于运用法治思维和法治方式深化改革、推动发展、化解矛盾、维护稳定。要健全科学民主依法决策机制，通过丰富民主形式、拓宽民主渠道，让更多的民众能够直接有效参与基层公共事务和公益事业的管理和决策。严格依照法定权限和程序履行职责，是加强依法行政的内在要求。建立健全各项监督制度、决策后评估和纠错制度，创造条件让人民群众监督政府权力，不断深化政务公开，拓宽群众监督渠道，注重社会监督、新闻监督和网络监督，逐步完善群众举报投诉制度，强化行政问责，严格责任追究，督促和约束政府机关和工作人员依法行使职权、履行职责。

以人民满意为归宿，建设服务型政府，是一项长期而复杂的系统工程。我们既要针对群众反映强烈的突出问题，在一些重要领域和关键环节实现突破；又要统筹兼顾改革的速度、力度和社会可承受程度，循序稳妥地向前推进。但是，只要认真落实好改革方案，推进政府向"服务型"转变，必将有力激发社会活力，为全面建成小康社会、实现中国梦注入不竭动力。

第十二讲
加强和改善党对全面深化改革的领导

自党的十一届三中全会以来，我们党始终解放思想，实事求是，以高超的智慧不断探索改革路径，积累了宝贵历史经验，推进了中国改革大业。党的十八届三中全会全面把握改革规律，为改革再次谋篇布局，提出了全面深化改革的总部署，将全面推进统筹协调经济、政治、文化、社会、生态文明建设五大领域的改革以及党的建设制度改革，从全局勾勒未来中国改革的总路线图，开启了中国改革开放历史新时期。全面深化改革的目标已经明确，全面深化改革的蓝图已经绘就。那么，全面深化改革的目标如何顺利达成？全面深化改革的蓝图如何成功实现？最重要的就是要坚持党的领导，不断加强和改善党对全面深化改革的领导。通过不断提高科学执政、民主执政、依法执政水平深化党的建设制度改革，加强民主集中制建设，完善党的领导体制和执政方式，保持党的先进性和纯洁性，为改革开放和社会主义现代化建设提供坚强政治保证。

一、全面深化改革必须加强和改善党的领导

办好中国的事情，关键在党，关键在人。党的十八大报告指出，党坚强有力，党同人民保持血肉联系，国家就繁荣稳定，人民就幸福安康。新一轮改革要坚决破除经济、政治、文化、社会等各方面体制机制的弊端，进一步解放和增强社会活力，让创造社会财富的源泉充分涌流，让发展成果更多更公平地惠及全体人民。而要想解决这些问题，必须更加注重改革的系统性、整体性、协同性。要破解这些难题，必须坚持党的领导。《中共中央关于全面深化改革若干重大问题

的决定》指出："全面深化改革必须加强和改善党的领导，充分发挥党总揽全局、协调各方的领导核心作用，建设学习型、服务型、创新型的马克思主义执政党，提高党的领导水平和执政能力，确保改革取得成功。"

党的十八届三中全会绘制了全面改革的蓝图，提出了经济、政治、文化、社会等各方面改革的任务。而所有这些方面的改革能否按照预期目标推进，一个关键的因素就是中国共产党领导全面深化改革的能力是否适应。因此，必须围绕提高党的领导水平和执政能力加强党的建设。

中国共产党在近代中国历史发展的必然中创立，经受大革命洪流的锻炼和考验，开辟出中国革命道路，夺取了新民主主义革命的全国胜利，在不断地总结和反思中成功探索了中国特色社会主义道路。在35年的改革开放进程中，中国共产党带领全国各族人民走向了繁荣富强。作为改革开放这一伟大实践的领导者，党积累了十分宝贵的历史经验，这将成为全面深化改革的精神财富。实践证明，党是全面深化改革的领导力量，而领导力量的先进性恰恰体现在能够引领全面深化改革，并在全面深化改革中改革和完善党自身，在解决其他重大课题中解决党自身的问题，这是一个良性互动的过程。

党的十八届三中全会关于党的建设的整体思路，与党在新形势下面临的新情况和新任务有着内在的逻辑联系，体现的正是我们党围绕党的政治任务加强党的建设的基本要求。落实十八届三中全会精神，在新的历史起点上全面深化改革，就更加需要全党同志把思想和行动统一到中央关于全面深化改革重大决策部署上来，增强进取意识、机遇意识、责任意识，牢牢把握方向，大胆实践探索，注重统筹协调，凝聚改革共识，落实领导责任，坚定不移实现中央改革决策部署。

二、坚定不移惩治腐败，是我们党有力量的表现，也是全党同志和广大群众的共同愿望

"坚定不移惩治腐败，是我们党有力量的表现，也是全党同志和广大群众的共同愿望。"习近平总书记在十八届中央纪委二次全会上的讲话，传递出中共中央推进反腐倡廉建设的强烈信号。坚定不移惩治腐败，是在对当前反腐败斗争形势清醒把握和正确判断之下，表明了我们党反腐败的坚定决心和持久恒心，打击

腐败的力度之大、态度之坚决前所未有。在较短时间内,从省部级高官到地方官员多人被查处,反腐明显提速加力,群众更是拍手称快。

坚定不移惩治腐败,是我们党有力量的表现,党的力量来源于什么呢?中国共产党是中国工人阶级的先锋队,同时是中国人民和中华民族的先锋队,是中国特色社会主义事业的领导核心,代表中国先进生产力的发展要求,代表中国先进文化的前进方向,代表中国最广大人民的根本利益。党的宗旨是全心全意为人民服务。党的性质和宗旨决定了党的力量来源于人民,人民是党的力量之本。人民是党成长发展壮大的力量源泉。中国共产党的根基在人民、血脉在人民、力量在人民。90多年来,中国共产党始终坚持尊重社会发展规律与尊重人民历史主体地位相统一,坚持为崇高理想奋斗与为最广大人民谋利益相统一,带领人民谱写了中华民族史上的辉煌篇章。人民是党进步发展胜利的力量基础。人民群众的衷心拥护和大力支持是中国共产党战胜各种困难和风险,经受各种灾害和考验,不断取得事业成功的根本保证。人民是党建设改革发展的力量主体。我们党进行的一切奋斗,无论是革命战争年代浴血奋战推翻"三座大山",还是和平建设时期,解放生产力、调整生产关系,建立社会主义制度,进行改革开放,以经济建设为中心,发展社会生产力,归根结底都是为了实现好、维护好、发展好最广大人民的根本利益。

历史经验充分表明:党的成长与壮大、革命的胜利与发展,都与群众路线息息相关。当党正确地制定和实行群众路线时,革命就胜利、发展;反之,党和人民的事业就会遭受损失、失败。在《中国共产党章程》中,党的群众路线的科学表述是:"党在自己的工作中实行群众路线,一切为了群众,一切依靠群众,从群众中来,到群众中去,把党的正确主张变为群众的自觉行动。"一切为了群众,是我们党的全部工作的出发点。党的全部理论、纲领、路线和方针政策,党的一切努力、奋斗和牺牲,都是为了人民群众的解放和幸福,党除了人民群众的利益以外,本身决无任何特殊的私利。一切依靠群众,是党的各项事业的立足点。人民群众是历史的创造者。党的事业是为人民群众谋利益的事业。只有把党的事业放在一切依靠群众的基点上,才能充分调动人民群众的力量,为党的各项事业的胜利完成建立强大的物质基础。从群众中来,到群众中去,是我们党的领导方法和工作方法，是群众路线的重要内容。要做到"从群众中来，到群众中去"，首先要虚心向人民群众学习，向群众做调查工作。更重要的是，要将这些从群众中集中起来的领导意见再返回到群众中去，使群众认识到这些意见是符合他们的根本利益的，号召群众实行起来、化作他们自觉的行动，把党的路线、方针、政策转化成为人民群众改造客观世界的物质力量。

坚定不移惩治腐败，加大反腐力度，已成为广大党员和人民群众的共同愿望。但是，我国现阶段的反腐败斗争，是在严峻复杂的国际环境下，是在国内经济体制深刻变革、社会结构深刻变动、利益格局深刻调整、思想观念深刻变化和各种社会矛盾凸显的历史条件下进行的。各方面体制机制还不完善，各种腐朽思想的影响仍然存在，腐败现象滋生蔓延的土壤在短时期内还难以清除，党风廉政建设和反腐败斗争面临不少新情况新问题。一些领域消极腐败现象仍然易发多发，一些重大违纪违法案件影响恶劣，反腐败斗争形势依然严峻、任务依然艰巨，人民群众还有许多不满意的地方。如果人民群众不满意，党就会丧失人民的信任和支持。因为腐败从根本上来说损害的是广大人民的利益，他们对腐败的危害最有切肤之痛，他们对以权谋私的贪污腐败分子最恨之入骨。如果放任腐败现象滋生蔓延，那么党的执政地位就会失去基础，人民自然不会拥护和支持党。

党的十八大以来，新一届中央领导集体把反腐败斗争的重要性和紧迫性提到新的高度。习近平总书记指出，腐败是社会毒瘤，如果任凭腐败问题愈演愈烈，最终必然亡党亡国，全党必须警醒起来；反腐倡廉必须常抓不懈，拒腐防变必须警钟长鸣。他要求，要"老虎""苍蝇"一起打，把权力关进制度的笼子里等。习近平总书记在各种场合讲反腐败，已经讲了多次，而且讲得很严肃、很严厉。王岐山作为新任中央纪委书记铁腕抓反腐，明确指出，反腐败既要坚持打持久战，也要打好歼灭战；信任不能代替监督；查处案件要"静如处子、动如脱兔"；改进作风，领导干部要把自己摆进去，以身作则，一级带一级。这些新部署新要求，彰显了我们党反对腐败的决心和信心，为党风廉政建设和反腐败斗争指明了方向。

为改进作风，中央政治局颁布改进工作作风、密切联系群众的八项规定，在全党全社会引起强烈反响。中央领导同志身体力行、率先垂范，为全党树立了榜样。各地区各部门贯彻八项规定，以踏石留印、抓铁有痕的劲头狠抓落实，认真解决形式主义、官僚主义、享乐主义和奢靡之风等突出问题，收到了改进作风的明显效果。坚持有案必查、有腐必惩，始终保持惩治腐败高压态势。党的十八大以来，中央纪委坚决查办大案要案，查处了一大批违纪违法案件。党的十八大以来，中央吹响反腐"集结号"，已经打掉了11个省部级高官，是过去5年均速的2倍。既打老虎，又拍苍蝇，是本轮反腐的最醒目特点。统计显示，截至2013年8月底，全国共查处违反中央八项规定精神的问题12099起，处理13999人，其中给予党纪政纪处分2814人。如此反腐力度，被国际舆论赞为"中国新一轮反腐严厉程度不多见"，可谓名副其实。很显然，有腐必反、有贪必肃已是上下共识。

反腐不是权宜之计，也不是随意而动，而是制度的整体推进。换言之，反腐需要决心，更需要制度建设。8月27日，中共中央政治局召开会议，明确提出要建立健全惩治和预防腐败体系，并审议通过了《建立健全惩治和预防腐败体系2013—2017年工作规划》。这种反腐的制度建设，是一种沿承。此前的统计显示，截至2012年7月，中共中央、全国人大常委会、国务院、中央和国家机关有关部委制定涉及反腐倡廉的重要法律法规制度616项，各省(区、市)和新疆生产建设兵团制定涉及反腐倡廉的地方性法规和文件规定1538件。制度的不断健全，是将权力关进笼子的前提。制度的持续发威，是约束住权力的手段。

世界上没有哪一个党、哪一个政府像我们党和政府这样，如此深刻清醒地认识到抓好反腐败斗争对于防止亡党亡国、争取中华民族伟大复兴的极端重要性和紧迫性，如此坚定不移、坚持不懈、坚忍不拔地抓好反腐败斗争。就连"透明国际"组织的专家都认为："在全世界范围内，中国政府领导人反腐败的决心都是首屈一指的。"

三、强化权力运行制约和监督体系，把权力关进制度的笼子里

《中共中央关于全面深化改革若干重大问题的决定》指出："坚持用制度管权管事管人，让人民监督权力，让权力在阳光下运行，是把权力关进制度笼子的根本之策。必须构建决策科学、执行坚决、监督有力的权力运行体系，健全惩治和预防腐败体系，建设廉洁政治，努力实现干部清正、政府清廉、政治清明。"

2013年9月伊始，两条与反腐有关的消息广受关注。一是9月1日，国务院国资委主任、党委副书记蒋洁敏涉嫌严重违纪，接受组织调查。蒋洁敏成为十八大以来，又一位被查处的省部级高官。另一条消息发生在9月2日，由中央纪律检查委员会、监察部主办的综合性政务门户网站——中央纪委监察部网站（www.ccdi.gov.cn）正式开通，中共中央政治局常委、中央纪委书记王岐山在当天调研该网站建设时强调，突出纪检监察特色，架起与群众沟通桥梁。该网站在首页显著位置设置了"接受网络信访举报"功能，搭建了纪检监察部门与网民交流的新平台，广受关注。这一正一反的事例生动地印证着权力行使与监督的内在关系：哪里有特权，哪里就有不公；哪里有"法外之权"，哪里就出现腐败。"绝对的权力导致绝对的腐败"，任何不受制约的权力都可能会被引入利益的泥潭。

从一些地方和领域不正之风和腐败问题屡禁屡发的教训看，有些领导干部为了一己私利不惜损害民族、人民和党的利益。而制约缺失、监督失效，往往使某些干部手中的权力如脱缰的野马恣意而为，成为牟取私利的工具，直至触犯党纪国法，最后踏上不归路。因此，对权力的制约和监督，已经成为加强党风廉政建设和反腐败斗争制度建设中的一个重大课题。2013年1月22日，习近平总书记在中国共产党第十八届中央纪律检查委员会第二次全体会议上发表重要讲话。他强调，要加强对权力运行的制约和监督，把权力关进制度的笼子里，形成不敢腐的惩戒机制、不能腐的防范机制、不易腐的保障机制。

"把权力关进制度的笼子里"，这是一个什么样的"笼子"呢？2012年12月17日，《京华时报》一篇题为《将公权力赶进法治的笼子》的评论中，对"笼子"作了形象表述："被笼子束缚着，伸手就不那么自由。笼子处于众目睽睽之下，伸手就有被群众敲打的可能。""笼子打造好了，就有一个让笼子成为刚性的问题。纸糊的，权力一挣就脱。"那么，什么样的"笼子"才能关住权力呢？邓小平曾经说过："制度好可以使坏人无法任意横行，制度不好可以使好人无法充分做好事，甚至会走向反面……这种制度问题，关系到党和国家是否改变颜色，必须引起全党的高度重视。"由此可见，制度是带有根本性的问题。改革开放35年来，我们党一直致力于探索加强制度建设和教育防范工作，努力使权力受到监督和制约，使领导干部不犯或少犯错误。统计显示，截至2012年7月，中共中央、全国人大常委会、国务院、中央和国家机关有关部委制定涉及反腐倡廉的重要法律法规制度616项，各省（区、市）和新疆生产建设兵团制定涉及反腐倡廉的地方性法规和文件规定1538件。

但是，在不少地方，出现了制度虚置现象，比如"上级监督太远、同级监督太软、下级监督太难"。这不是制度本身的错，而是执行制度不力的问题。还应看到，在不少时候，公众的知情、参与、表达和监督等权利并未不打折扣地实现，究其因，反腐制度仍需健全，制度力量还未全都释放出来。对此，习近平总书记强调了三个机制："形成不敢腐的惩戒机制、不能腐的防范机制、不易腐的保障机制"。这就为"笼子"打造了三个层面的刚性之墙，彰显出源头反腐的理念，而不仅是着眼于打击腐败分子。

提高惩戒力度，建立不敢腐的惩戒机制。一个有效的惩戒机制是惩罚的力度大而且发现腐败被查处的可能性高的机制，使得预期的惩罚远大于预期的收益，而不敢腐。因而提高惩戒力度是一个通行的做法。香港廉政公署对公务员腐败的惩罚是在依法判刑的情况下，会取消犯罪者退休后领取的数额不菲的退休金。但是一味地严刑峻法并不一定有效，明朝时期，设立了包括活剥人皮在内的严刑峻法，以图威慑大小官员不敢腐败，但腐败问题仍屡禁不止。为什么历朝历代的严刑峻法无法有效阻止腐败呢？因为仅仅提高惩戒力度并不足以有效阻止腐败，一方面很多官员都能通过营私结党、建立权力庇护关系，从而降低腐败被发现、被惩罚的概率。更重要的一方面是当时的制度缺乏"不能腐的防范机制、不易腐的保障机制"。因此，反腐倡廉要建立有腐必反、有贪必肃的惩治机制，适当提高惩戒的力度，加强反腐败的力度，真正做到执法必严、违法必究，使全党全国人民相信，"不论什么人，不论其职务多高，只要触犯了党纪国法，都要受到严肃追究和严厉惩处"（习近平总书记在中国共产党第十八届中央纪律检查委员会第二次全体会议上的讲话）。

明确权力的边界，建立不能腐的防范机制。不能腐，指的是政府把权力下放，从根本上减少腐败的资本，主要依靠政治体制改革、市场经济体制改革来实现。政府把权力下放，转移到社会、市场，形成"小政府、大社会"的格局。法律制度规范好哪些领域是政府应该管的，哪些是政府应该放手的。多依靠市场调节和社会自治的力量，减少政府不必要的干预，不仅能为政府卸去一部分管理重负，更能有效地转变政府职能，而且能压缩权力寻租的空间。为了维持和保障社会的正常运行，一定的公权力是必要的，但任何人都不能有凌驾于法律之上的权力，也不能有不受制约和监督的权力，要通过合理的机制分配、限制、约束权力，防止出现"一言堂"。

加强对权力的制约和监督，建立不易腐的保障机制。不易腐，指的是公权力运行受到制约和监督，腐败难以实现。一方面，权力运行要更加公开透明，才能便于监督。《政府信息公开条例》实施以来，公民申请信息公开的行动不时受阻，说明一些政府部门的工作方式已经滞后于时代的需求和法规的要求，也不排除有的信息经不起"阳光"的考验，正因如此，才需要更多的"阳光"，把避光之处好好晒晒。另一方面，权力运行必须遵循法律程序。人大监督、舆论监督，都必不可少。放慢节奏，让每一项决策的出台，都受到必要的审视和讨论，就更能保证公平公正，保证社会效果，也更能防止公权力被用于牟取私利。

这三个机制实际上就是标本兼治、惩防并举的反腐倡廉体系的制度化标准。尤其是在那些腐败问题多发高发的地方和领域，必须尽快围绕三个机制建设，建立起纲纪严明的制度规范，持之以恒地加以贯彻，严密细致地加以完善，让制度发挥其应有的作用。

四、坚持"老虎""苍蝇"一起打

习近平总书记在十八届中央纪委二次全会上明确指出：从严治党，惩治这一手决不能放松。要坚持"老虎""苍蝇"一起打，既坚决查处领导干部违纪违法案件，又切实解决发生在群众身边的不正之风和腐败问题。要坚持党纪国法面前没有例外，不管涉及谁，都要一查到底，决不姑息。习近平总书记的讲话不仅彰显了我们党坚决惩治腐败的坚强决心，又道出了广大百姓的共同心声。坚持"老虎""苍蝇"一起打，成为我国反腐斗争的重要指导思想和原则，这是对反腐败斗争提出的更高要求。

就腐败而言，我们常用"老虎"和"苍蝇"来比喻大贪和小贪。"老虎"与"苍蝇"，他们所处的职务层级不同、社会影响力不同、舆论关注的力度不同，但他们都触犯了法律，都应该受到相应的惩治。"苍蝇"和"老虎"是相互联系的，就是因为有上边"老虎"的腐败，所以"苍蝇"才敢这样嗡嗡嗡地飞。坚持"老虎""苍蝇"一起打，体现了我们党对腐败问题"零容忍"的态度，不管涉及什么人，不论权力大小、职位高低，只要触犯党纪国法，都要严惩不贷。

首先说打"老虎"。"老虎"们往往是位高权重的领导者，他们掌握有话语权、引导权和决策权。"老虎"们一旦腐败，就会造成十分恶劣的社会影响和重大的社会损失。"擒贼先擒王"，打"老虎"，可以起到更好的警示作用。这些年来，我们对"大腐败"的确是动了"真格"的，打了不少"老虎"。仅党的十八大以来，就有数位高官先后落马。较之那些动辄数百上千万、过亿元的"大腐败"，较之那些位高权重的厅级、部级贪官"老虎"，那些离群众最近的"小腐败"，诸如公款吃喝、公车私用、索拿卡要，诸如套取、侵吞、挪用涉农惠民资金，诸如教育乱收费、医生收红包、药价虚高，诸如垄断行业的垄断收费等，有如"嗡嗡"乱飞的"苍蝇"，同样令群众深恶痛绝。这类"苍蝇"面积广、数量多，关系到社会的方方面面、社会的基层，关系到老百姓的日常生活、衣食住行等方面，随处可见，常常不能引起人们的足够重视和警惕，但对政府形象的损害却如同"温水煮青蛙"。"苍蝇"腐败以后，老百姓是最有感受的。让人欣慰的是，从中央到地方，已将"切实解决发生在群众身边的不正之风和腐败问题"作为"反腐倡廉重点"来抓。近段时间，那些房叔、房姐因网民举报被迅即"拿下"，那些村官、街道办主任等应声而倒，如同打"老虎"一样令人拍手称快，让人民群众实实在在地感受到了中央反腐的决心与信心。

过去我们反腐败主要是从下至上，现在指的是上下一同进行，既注意高级干部的贪腐行为，又关注发生在我们身边的腐败行为，也就是既注意大"老虎"，也注意小"苍蝇"。发生在我们身边的腐败行为，往往侵害民生。而高级干部的贪腐行为，往往危害到我们党的形象问题，它的级别高，覆盖面广，更能让我们的党受到损伤。也就是说，高级干部腐败影响大，动摇群众对党的信任；群众身边的腐败面积大，直接侵害群众利益。"老虎""苍蝇"一起打，才能遏制腐败、赢得民心。

因此，必须始终保持惩治腐败的高压态势。要不断加大惩治腐败工作力度，有腐必反，有贪必肃，做到发现一个、查处一个，杀一儆百，以惩治腐败的实际成效取信于民。要坚持"老虎""苍蝇"一起打，既坚决查处大案要案，严肃查办发生在领导机关和领导干部中滥用职权、贪污贿赂、腐化堕落、失职渎职的案件，切实维护党的纯洁性；又要着力解决发生在群众身边的腐败问题，严肃查办严重损害群众合法经济权益、政治权益、人身权利的案件，切实维护人民群众利益。要坚持"受贿""行贿"一起抓，既要查处受贿行为，也要查处行贿行为。要坚持有案必查、有腐必惩，做到查处违纪违法案件一视同仁，党纪国法面前没有例外，不管涉及谁，都要一查到底，决不姑息，决不手软。加强对权力运行的制约和监督，把权力关进制度的笼子里，从源头上铲除由"小腐败"滋生"大腐败"的土壤，以踏石留印、抓铁有痕的劲头抓工作、转作风，唱好依法治腐的大戏。

但是，在现实生活中，"老虎"身上并没有"老虎"的鲜明标签，"苍蝇"身上也没有明显的识别特征，在很多情形下，"老虎"也可以变为"苍蝇"，"苍蝇"也可能被误认为是"老虎"，"老虎"和"苍蝇"需要区别不同情况，因地制宜，灵活识别，唯有辩证地看待"老虎"和"苍蝇"，既要打"老虎"，又要打"苍蝇"，才能更科学，更有实效。

五、改革党的纪律检查体制

党的纪律检查体制是指中国共产党纪律检查工作的领导体制，指各级纪委同上一级纪委、同级党委之间的统属关系。党的纪律检查体制在党的历史上经历了一个演变过程：第一是与同级党委大致平行的体制，纪委对党的代表大会负责。如1927年党的第五次全国代表大会选举产生的中央监察委员会就属这类体制。第二是党委单一领导体制。如1949年由各级党委提名产生的各级纪委；1955年由各级党的代表会议或代表大会选举产生的各级监委；1978年由各级党委选举产生的各级纪委，均属这种体制。在这个体制下，各级纪（监）委是同级党委管理之下的工作部门，主要职责是维护、执行党纪。后来，纪（监）委的职权有所扩大，特别是上级纪（监）委对下级纪（监）委的指导逐渐加强。1962年中共八届十中全会规定各级监委有不通过同级党委，向上级党委、上级监委直至党中央直接反映情况，检举党员违法乱纪行为的权利。第三是双重领导体制。1982年中共十二大通过的《中国共产党章程》中规定，党的纪律检查机关实行双重领导体制，即党的中央纪律检查委员会在党的中央委员会领导下进行工作，党的地方各级纪律检查委员会在同级党的委员会和上级纪律检查委员会的双重领导下进行工作。这是在纪检工作领导体制上的一个重大改革，有助于防止和减少纪检工作受到干扰、遭受打击报复等现象的发生。这一体制一直延续下来。

新世纪，面临严峻的反腐形势，2001年，中共十五届六中全会做出了"纪律检查机关对派出机构实行统一管理"的决定。2002年11月，中共十六大提出了"要加强对权力的制约和监督，改革和完善党的纪律检查体制"的任务，"改革和完善党的纪律检查体制"被正式写进十六大报告中。2004年9月中共十六届四中全会做出的《中共中央关于加强党的执政能力建设的决定》强调了"加强对各级纪律检查机关的领导，改革和完善党的纪律检查体制，全面实行对派驻机构的统一管理"。此后，纪检体制改革进一步深入，正式建立了监督领导干部的巡视制度，加强党内监督和重大案件的查处；改革纪委书记的提名权，实行上级指派或异地调任；纪委派驻机构实行"垂直管理"，重要情况和问题可以直接向中央纪委请示报告，派驻机构干部的考察、提拔任用由中央纪委直接负责；纪委书记兼任模式从干部制度中淡出等。

纪检体制改革取得了一定的效果，但是仍然存在着许多问题。双重领导体制的弊端显而易见，地方纪委受制于同级党委，无法独立开展监督工作。王岐山在党的十八届中央纪委二次全会上的工作报告中指出，各级纪检监察机关要把完善监督制约机制作为自身建设的重要内容，切实加强对重要岗位和关键环节的监督，严格工作程序和业务流程，健全岗位责任体系，加大干部轮岗、交流、培训力度，完善回避、保密制度，自觉接受党组织、人民群众和新闻舆论的监督。加强纪检监察组织建设，提高履职监督能力。纪检监察干部要坚持党性原则，严格遵守党的各项纪律，不准发表与党的路线方针政策和决定相违背的言论，不准越权批办、催办或干预有关单位的案件处理等事项，不准以案谋私、办人情案，不准跑风漏气、泄露工作中的秘密。对不适合从事纪检监察工作的要坚决调离，对违纪违法的要严肃查处，树立纪检监察干部忠诚可靠、服务人民、刚正不阿、秉公执纪的良好形象。2013年5月17日，王岐山在中央巡视工作动员暨培训会议上强调，巡视工作要与时俱进、求真务实，创新方式方法。中央巡视组要紧紧依靠各级党委，密切联系群众，拓宽发现问题的渠道和途径。要关口前移，"下沉一级"了解干部情况，对领导干部报告个人有关事项进行抽查，提高巡视的针对性和有效性。打铁还需自身硬。要加强巡视队伍自身建设，严格落实责任。巡视组组长不是"铁帽子"，一次一授权。要严守政治纪律、廉政纪律、保密纪律，严格落实八项规定，打造一支作风过硬的巡视队伍。

2013年8月27日，中共中央政治局召开会议，强调"要改革党的纪律检查体制，加强反腐败工作体制机制创新，完善纪委派驻机构统一管理，改进中央和省区市巡视制度"。在此次政治局会议中，对于"党的纪律检查体制"的表述，由此前的"改革和完善"变为"改革"，这说明高层决心实质性推进这项改革，传达了中央反腐的决心和态度。《中共中央关于全面深化改革若干重大问题的决定》对此做出了进一步的规定，改革党的纪律检查体制，健全反腐败领导体制和工作机制，改革和完善各级反腐败协调小组职能。推动党的纪律检查工作双重领导体制具体化、程序化、制度化，强化上级纪委对下级纪委的领导。查办腐败案件以上级纪委领导为主，线索处置和案件查办在向同级党委报告的同时必须向上级纪委报告。各级纪委书记、副书记的提名和考察以上级纪委会同组织部门为主。全面落实中央纪委向中央一级党和国家机关派驻纪检机构，实行统一名称、统一管理。派驻机构对派出机关负责，履行监督职责。改进中央和省区市巡视制度，做到对地方、部门、企事业单位全覆盖。

六、健全改进作风常态化制度

"反腐倡廉必须常抓不懈，拒腐防变必须警钟长鸣，关键就在'常''长'二字，一个是要经常抓，一个是要长期抓。"习近平总书记在党的十八届中央纪委二次全会上的讲话，亮出了有腐必反、有贪必肃的决心和恒心，亮出了深入推进、以实际成效取信于民的诚心和信心。说到底，反腐倡廉"常""长"二字的落脚点就是要实现反腐倡廉、改进作风的常态化、长效化。《中共中央关于全面深化改革若干重大问题的决定》指出："健全改进作风常态化制度。围绕反对形式主义、官僚主义、享乐主义和奢靡之风，加快体制机制改革和建设。"

"常"就是"经常"，对腐败的揭露、打击和惩治，不能放松，必须抓紧打击，才能取得实效。但是，反腐败也要有长期斗争的思想准备。十八大以来，群众对打击腐败的期望值很高，但是要看到当前腐败滋生和蔓延的条件依然存在，腐败不可能在短时间内消除，要有长期斗争的准备。与此同时，也不能因为腐败是个长期现象而放松斗争。只有做好平时的"常"，才能保证将来的"长"。通过经常性的反腐成绩，让民众感觉到党有反腐败的信心和决心，同时也要民众感受到党有反腐败的耐心和恒心，一定能遏制腐败。

"常"和"长"的提出，直击当前的反腐败现状，很有针对性。近年来，各级党组织按照中央的部署，坚持把反腐倡廉建设放在科学发展大局中来谋划和推进，加强对重大决策部署贯彻执行情况的监督检查，扎实推进惩治和预防腐败体系建设，着力加强领导干部党性修养和作风建设，严肃查处违纪违法案件，深入开展重点领域的专项治理，坚决纠正损害群众利益的不正之风。尤其是党的十八大以来，反腐倡廉建设的方向更加明确、思路更加清晰、措施更加有力、成效更加明显，赢得了广大人民群众的好评，为推动科学发展添加了正能量。也要清醒地看到，当前反腐倡廉形势依然严峻，任务依然艰巨。在世情、国情、党情深刻变化的形势下，反腐倡廉建设面临许多新情况新问题，腐败现象呈现出易发多发态势，一些大案要案触目惊心，腐败案件类型、性质和作案手段等出现新变化，因腐败问题引发的群体性事件上升，给社会带来一定的影响。这些都说明落实党要管党、从严治党的任务，比过去任何时候都更为繁重、更加紧迫，反腐倡廉仍然任重道远。

腐败现象之所以仍然存在，主要是当前正处于体制深刻转换、结构深刻调整、社会深刻变革的历史时期，加上受到封建残余思想、官本位思想和各种腐朽思想的影响，从而导致一些党员干部理想信念动摇、宗旨意识淡薄，拜金主义、享乐主义、极端个人主义滋长；一些党员干部在糖衣炮弹面前，放松警惕，自我约束不力，律己不严，管不住自己；一些地方和单位管理失之于软、失之于宽，教育不够扎实，制度不够健全，监督不够得力，预防不够有效，惩处不够严厉等。

当前，人民群众对反腐抱有空前高涨的期待，党必须在党风廉政建设和反腐败斗争上有所作为。特别是要实现"两个一百年"目标，实现中华民族伟大复兴的中国梦，更需要抓住"常""长"二字，用反腐倡廉建设的实际成效凝聚党心民心。

在"常"字上下功夫，保持当前惩治腐败的高压态势，坚持有案必查、有腐必惩。做到有群众举报的及时处理，有具体线索的认真核实，违反党纪国法的严肃处理。对于腐败分子，有一个抓一个，"老虎""苍蝇"一起打，防止小错酿成大错、小贪变成巨贪。

在"长"字上下功夫，坚持不懈、长期作战，既要有惩治腐败的决心、信心，也要有长期作战的恒心、耐心。根除腐败，不可能毕其功于一役。我们要清醒地认识到反腐败斗争是一项长期的、复杂的、艰巨的任务，在短期内还难以根除，这是一个现实问题。如今，习近平总书记强调"把权力关进制度的笼子里，形成不敢腐的惩戒机制、不能腐的防范机制、不易腐的保障机制"，用"踏石留印、抓铁有痕的劲头抓下去"，这为长期抓反腐倡廉建设提出了有效路径。在决不放松惩治这一手的同时，应当把更多精力用在预防上。借助当前抓作风的有利契机，狠刹歪风、整肃纪律、清理特权，不断清除腐败滋生的土壤。应当加强立法和制度建设，加强对权力运行的制约和监督，让权力在阳光下运行，从源头上有效防治腐败。让全党全体人民来监督，让人民群众不断看到实实在在的成效和变化。

落实"常""长"二字，还需上下齐心，上下一起抓。就高层而言，新一届中央领导集体的反腐倡廉决心和魄力有目共睹，令举国振奋。对下级来说，要防止和克服地方和部门保护主义、本位主义，决不允许"上有政策、下有对策"，决不允许有令不行、有禁不止，决不允许在贯彻执行中央决策部署上打折扣、做选择、搞变通。要通过坚定不移地惩治腐败，为深化改革开放创造优良的政治环境。

附 录
中共中央关于全面深化改革
若干重大问题的决定

中共中央关于全面深化改革若干重大问题的决定

（2013年11月12日中国共产党第十八届中央委员会第三次全体会议通过）

为贯彻落实党的十八大关于全面深化改革的战略部署，十八届中央委员会第三次全体会议研究了全面深化改革的若干重大问题，作出如下决定。

一、全面深化改革的重大意义和指导思想

（1）改革开放是党在新的时代条件下带领全国各族人民进行的新的伟大革命，是当代中国最鲜明的特色。党的十一届三中全会召开三十五年来，我们党以巨大的政治勇气，锐意推进经济体制、政治体制、文化体制、社会体制、生态文明体制和党的建设制度改革，不断扩大开放，决心之大、变革之深、影响之广前所未有，成就举世瞩目。

改革开放最主要的成果是开创和发展了中国特色社会主义，为社会主义现代化建设提供了强大动力和有力保障。事实证明，改革开放是决定当代中国命运的关键抉择，是党和人民事业大踏步赶上时代的重要法宝。

实践发展永无止境，解放思想永无止境，改革开放永无止境。面对新形势新任务，全面建成小康社会，进而建成富强民主文明和谐的社会主义现代化国家、实现中华民族伟大复兴的中国梦，必须在新的历史起点上全面深化改革，不断增

强中国特色社会主义道路自信、理论自信、制度自信。

（2）全面深化改革，必须高举中国特色社会主义伟大旗帜，以马克思列宁主义、毛泽东思想、邓小平理论、"三个代表"重要思想、科学发展观为指导，坚定信心，凝聚共识，统筹谋划，协同推进，坚持社会主义市场经济改革方向，以促进社会公平正义、增进人民福祉为出发点和落脚点，进一步解放思想、解放和发展社会生产力、解放和增强社会活力，坚决破除各方面体制机制弊端，努力开拓中国特色社会主义事业更加广阔的前景。

全面深化改革的总目标是完善和发展中国特色社会主义制度，推进国家治理体系和治理能力现代化。必须更加注重改革的系统性、整体性、协同性，加快发展社会主义市场经济、民主政治、先进文化、和谐社会、生态文明，让一切劳动、知识、技术、管理、资本的活力竞相迸发，让一切创造社会财富的源泉充分涌流，让发展成果更多更公平惠及全体人民。

紧紧围绕使市场在资源配置中起决定性作用深化经济体制改革，坚持和完善基本经济制度，加快完善现代市场体系、宏观调控体系、开放型经济体系，加快转变经济发展方式，加快建设创新型国家，推动经济更有效率、更加公平、更可持续发展。

紧紧围绕坚持党的领导、人民当家作主、依法治国有机统一深化政治体制改革，加快推进社会主义民主政治制度化、规范化、程序化，建设社会主义法治国家，发展更加广泛、更加充分、更加健全的人民民主。

紧紧围绕建设社会主义核心价值体系、社会主义文化强国深化文化体制改革，加快完善文化管理体制和文化生产经营机制，建立健全现代公共文化服务体系、现代文化市场体系，推动社会主义文化大发展大繁荣。

紧紧围绕更好保障和改善民生、促进社会公平正义深化社会体制改革，改革收入分配制度，促进共同富裕，推进社会领域制度创新，推进基本公共服务均等化，加快形成科学有效的社会治理体制，确保社会既充满活力又和谐有序。

紧紧围绕建设美丽中国深化生态文明体制改革，加快建立生态文明制度，健全国土空间开发、资源节约利用、生态环境保护的体制机制，推动形成人与自然和谐发展现代化建设新格局。

　　紧紧围绕提高科学执政、民主执政、依法执政水平深化党的建设制度改革，加强民主集中制建设，完善党的领导体制和执政方式，保持党的先进性和纯洁性，为改革开放和社会主义现代化建设提供坚强政治保证。

　　（3）全面深化改革，必须立足于我国长期处于社会主义初级阶段这个最大实际，坚持发展仍是解决我国所有问题的关键这个重大战略判断，以经济建设为中心，发挥经济体制改革牵引作用，推动生产关系同生产力、上层建筑同经济基础相适应，推动经济社会持续健康发展。

　　经济体制改革是全面深化改革的重点，核心问题是处理好政府和市场的关系，使市场在资源配置中起决定性作用和更好发挥政府作用。市场决定资源配置是市场经济的一般规律，健全社会主义市场经济体制必须遵循这条规律，着力解决市场体系不完善、政府干预过多和监管不到位问题。

　　必须积极稳妥从广度和深度上推进市场化改革，大幅度减少政府对资源的直接配置，推动资源配置依据市场规则、市场价格、市场竞争实现效益最大化和效率最优化。政府的职责和作用主要是保持宏观经济稳定，加强和优化公共服务，保障公平竞争，加强市场监管，维护市场秩序，推动可持续发展，促进共同富裕，弥补市场失灵。

　　（4）改革开放的成功实践为全面深化改革提供了重要经验，必须长期坚持。最重要的是，坚持党的领导，贯彻党的基本路线，不走封闭僵化的老路，不走改旗易帜的邪路，坚定走中国特色社会主义道路，始终确保改革正确方向；坚持解放思想、实事求是、与时俱进、求真务实，一切从实际出发，总结国内成功做法，借鉴国外有益经验，勇于推进理论和实践创新；坚持以人为本，尊重人民主体地位，发挥群众首创精神，紧紧依靠人民推动改革，促进人的全面发展；坚持正确处理改革发展稳定关系，胆子要大、步子要稳，加强顶层设计和摸着石头过河相结合，整体推进和重点突破相促进，提高改革决策科学性，广泛凝聚共识，形成改革合力。

　　当前，我国发展进入新阶段，改革进入攻坚期和深水区。必须以强烈的历史使命感，最大限度集中全党全社会智慧，最大限度调动一切积极因素，敢于啃硬骨头，敢于涉险滩，以更大决心冲破思想观念的束缚、突破利益固化的藩篱，推动中国特色社会主义制度自我完善和发展。

到二〇二〇年，在重要领域和关键环节改革上取得决定性成果，完成本决定提出的改革任务，形成系统完备、科学规范、运行有效的制度体系，使各方面制度更加成熟更加定型。

二、坚持和完善基本经济制度

公有制为主体、多种所有制经济共同发展的基本经济制度，是中国特色社会主义制度的重要支柱，也是社会主义市场经济体制的根基。公有制经济和非公有制经济都是社会主义市场经济的重要组成部分，都是我国经济社会发展的重要基础。必须毫不动摇巩固和发展公有制经济，坚持公有制主体地位，发挥国有经济主导作用，不断增强国有经济活力、控制力、影响力。必须毫不动摇鼓励、支持、引导非公有制经济发展，激发非公有制经济活力和创造力。

（5）完善产权保护制度。产权是所有制的核心。健全归属清晰、权责明确、保护严格、流转顺畅的现代产权制度。公有制经济财产权不可侵犯，非公有制经济财产权同样不可侵犯。

国家保护各种所有制经济产权和合法利益，保证各种所有制经济依法平等使用生产要素、公开公平公正参与市场竞争、同等受到法律保护，依法监管各种所有制经济。

（6）积极发展混合所有制经济。国有资本、集体资本、非公有资本等交叉持股、相互融合的混合所有制经济，是基本经济制度的重要实现形式，有利于国有资本放大功能、保值增值、提高竞争力，有利于各种所有制资本取长补短、相互促进、共同发展。允许更多国有经济和其他所有制经济发展成为混合所有制经济。国有资本投资项目允许非国有资本参股。允许混合所有制经济实行企业员工持股，形成资本所有者和劳动者利益共同体。

完善国有资产管理体制，以管资本为主加强国有资产监管，改革国有资本授权经营体制，组建若干国有资本运营公司，支持有条件的国有企业改组为国有资本投资公司。国有资本投资运营要服务于国家战略目标，更多投向关系国家安全、国民经济命脉的重要行业和关键领域，重点提供公共服务、发展重要前瞻性战略性产业、保护生态环境、支持科技进步、保障国家安全。

划转部分国有资本充实社会保障基金。完善国有资本经营预算制度，提高国有资本收益上缴公共财政比例，二〇二〇年提到百分之三十，更多用于保障和改善民生。

（7）推动国有企业完善现代企业制度。国有企业属于全民所有，是推进国家现代化、保障人民共同利益的重要力量。国有企业总体上已经同市场经济相融合，必须适应市场化、国际化新形势，以规范经营决策、资产保值增值、公平参与竞争、提高企业效率、增强企业活力、承担社会责任为重点，进一步深化国有企业改革。

准确界定不同国有企业功能。国有资本加大对公益性企业的投入，在提供公共服务方面作出更大贡献。国有资本继续控股经营的自然垄断行业，实行以政企分开、政资分开、特许经营、政府监管为主要内容的改革，根据不同行业特点实行网运分开、放开竞争性业务，推进公共资源配置市场化。进一步破除各种形式的行政垄断。

健全协调运转、有效制衡的公司法人治理结构。建立职业经理人制度，更好发挥企业家作用。深化企业内部管理人员能上能下、员工能进能出、收入能增能减的制度改革。建立长效激励约束机制，强化国有企业经营投资责任追究。探索推进国有企业财务预算等重大信息公开。

国有企业要合理增加市场化选聘比例，合理确定并严格规范国有企业管理人员薪酬水平、职务待遇、职务消费、业务消费。

（8）支持非公有制经济健康发展。非公有制经济在支撑增长、促进创新、扩大就业、增加税收等方面具有重要作用。坚持权利平等、机会平等、规则平等，废除对非公有制经济各种形式的不合理规定，消除各种隐性壁垒，制定非公有制企业进入特许经营领域具体办法。

鼓励非公有制企业参与国有企业改革，鼓励发展非公有资本控股的混合所有制企业，鼓励有条件的私营企业建立现代企业制度。

三、加快完善现代市场体系

建设统一开放、竞争有序的市场体系，是使市场在资源配置中起决定性作用的基础。必须加快形成企业自主经营、公平竞争，消费者自由选择、自主消费，商品和要素自由流动、平等交换的现代市场体系，着力清除市场壁垒，提高资源配置效率和公平性。

（9）**建立公平开放透明的市场规则**。实行统一的市场准入制度，在制定负面清单基础上，各类市场主体可依法平等进入清单之外领域。探索对外商投资实行准入前国民待遇加负面清单的管理模式。推进工商注册制度便利化，削减资质认定项目，由先证后照改为先照后证，把注册资本实缴登记制逐步改为认缴登记制。推进国内贸易流通体制改革，建设法治化营商环境。

改革市场监管体系，实行统一的市场监管，清理和废除妨碍全国统一市场和公平竞争的各种规定和做法，严禁和惩处各类违法实行优惠政策行为，反对地方保护，反对垄断和不正当竞争。建立健全社会征信体系，褒扬诚信，惩戒失信。健全优胜劣汰市场化退出机制，完善企业破产制度。

（10）**完善主要由市场决定价格的机制**。凡是能由市场形成价格的都交给市场，政府不进行不当干预。推进水、石油、天然气、电力、交通、电信等领域价格改革，放开竞争性环节价格。政府定价范围主要限定在重要公用事业、公益性服务、网络型自然垄断环节，提高透明度，接受社会监督。完善农产品价格形成机制，注重发挥市场形成价格作用。

（11）**建立城乡统一的建设用地市场**。在符合规划和用途管制前提下，允许农村集体经营性建设用地出让、租赁、入股，实行与国有土地同等入市、同权同价。缩小征地范围，规范征地程序，完善对被征地农民合理、规范、多元保障机制。扩大国有土地有偿使用范围，减少非公益性用地划拨。建立兼顾国家、集体、个人的土地增值收益分配机制，合理提高个人收益。完善土地租赁、转让、抵押二级市场。

（12）**完善金融市场体系**。扩大金融业对内对外开放，在加强监管前提下，允许具备条件的民间资本依法发起设立中小型银行等金融机构。推进政策性金融机构改革。健全多层次资本市场体系，推进股票发行注册制改革，多渠道推动股权融资，发展并规范债券市场，提高直接融资比重。完善保险经济补偿机制，建立巨灾保险制度。发展普惠金融。鼓励金融创新，丰富金融市场层次和产品。

完善人民币汇率市场化形成机制，加快推进利率市场化，健全反映市场供求关系的国债收益率曲线。推动资本市场双向开放，有序提高跨境资本和金融交易可兑换程度，建立健全宏观审慎管理框架下的外债和资本流动管理体系，加快实现人民币资本项目可兑换。

落实金融监管改革措施和稳健标准，完善监管协调机制，界定中央和地方金融监管职责和风险处置责任。建立存款保险制度，完善金融机构市场化退出机制。加强金融基础设施建设，保障金融市场安全高效运行和整体稳定。

（13）**深化科技体制改革。**建立健全鼓励原始创新、集成创新、引进消化吸收再创新的体制机制，健全技术创新市场导向机制，发挥市场对技术研发方向、路线选择、要素价格、各类创新要素配置的导向作用。建立产学研协同创新机制，强化企业在技术创新中的主体地位，发挥大型企业创新骨干作用，激发中小企业创新活力，推进应用型技术研发机构市场化、企业化改革，建设国家创新体系。

加强知识产权运用和保护，健全技术创新激励机制，探索建立知识产权法院。打破行政主导和部门分割，建立主要由市场决定技术创新项目和经费分配、评价成果的机制。发展技术市场，健全技术转移机制，改善科技型中小企业融资条件，完善风险投资机制，创新商业模式，促进科技成果资本化、产业化。

整合科技规划和资源，完善政府对基础性、战略性、前沿性科学研究和共性技术研究的支持机制。国家重大科研基础设施依照规定应该开放的一律对社会开放。建立创新调查制度和创新报告制度，构建公开透明的国家科研资源管理和项目评价机制。

改革院士遴选和管理体制，优化学科布局，提高中青年人才比例，实行院士退休和退出制度。

四、加快转变政府职能

科学的宏观调控，有效的政府治理，是发挥社会主义市场经济体制优势的内在要求。必须切实转变政府职能，深化行政体制改革，创新行政管理方式，增强政府公信力和执行力，建设法治政府和服务型政府。

（14）**健全宏观调控体系。**宏观调控的主要任务是保持经济总量平衡，促进重大经济结构协调和生产力布局优化，减缓经济周期波动影响，防范区域性、系统性风险，稳定市场预期，实现经济持续健康发展。健全以国家发展战略和规划为导向、以财政政策和货币政策为主要手段的宏观调控体系，推进宏观调控目标制定和政策手段运用机制化，加强财政政策、货币政策与产业、价格等政策手段协调配合，提高相机抉择水平，增强宏观调控前瞻性、针对性、协同性。形成参与国际宏观经济政策协调的机制，推动国际经济治理结构完善。

深化投资体制改革，确立企业投资主体地位。企业投资项目，除关系国家安全和生态安全、涉及全国重大生产力布局、战略性资源开发和重大公共利益等项目外，一律由企业依法依规自主决策，政府不再审批。强化节能节地节水、环境、技术、安全等市场准入标准，建立健全防范和化解产能过剩长效机制。

完善发展成果考核评价体系，纠正单纯以经济增长速度评定政绩的偏向，加大资源消耗、环境损害、生态效益、产能过剩、科技创新、安全生产、新增债务等指标的权重，更加重视劳动就业、居民收入、社会保障、人民健康状况。加快建立国家统一的经济核算制度，编制全国和地方资产负债表，建立全社会房产、信用等基础数据统一平台，推进部门信息共享。

（15）**全面正确履行政府职能。**进一步简政放权，深化行政审批制度改革，最大限度减少中央政府对微观事务的管理，市场机制能有效调节的经济活动，一律取消审批，对保留的行政审批事项要规范管理、提高效率；直接面向基层、量大面广、由地方管理更方便有效的经济社会事项，一律下放地方和基层管理。

政府要加强发展战略、规划、政策、标准等制定和实施，加强市场活动监管，加强各类公共服务提供。加强中央政府宏观调控职责和能力，加强地方政府公共服务、市场监管、社会管理、环境保护等职责。推广政府购买服务，凡属事务性管理服务，原则上都要引入竞争机制，通过合同、委托等方式向社会购买。

加快事业单位分类改革，加大政府购买公共服务力度，推动公办事业单位与主管部门理顺关系和去行政化，创造条件，逐步取消学校、科研院所、医院等单位的行政级别。建立事业单位法人治理结构，推进有条件的事业单位转为企业或社会组织。建立各类事业单位统一登记管理制度。

（16）优化政府组织结构。转变政府职能必须深化机构改革。优化政府机构设置、职能配置、工作流程，完善决策权、执行权、监督权既相互制约又相互协调的行政运行机制。严格绩效管理，突出责任落实，确保权责一致。

统筹党政群机构改革，理顺部门职责关系。积极稳妥实施大部门制。优化行政区划设置，有条件的地方探索推进省直接管理县（市）体制改革。严格控制机构编制，严格按规定职数配备领导干部，减少机构数量和领导职数，严格控制财政供养人员总量。推进机构编制管理科学化、规范化、法制化。

五、深化财税体制改革

财政是国家治理的基础和重要支柱，科学的财税体制是优化资源配置、维护市场统一、促进社会公平、实现国家长治久安的制度保障。必须完善立法、明确事权、改革税制、稳定税负、透明预算、提高效率，建立现代财政制度，发挥中央和地方两个积极性。

（17）改进预算管理制度。实施全面规范、公开透明的预算制度。审核预算的重点由平衡状态、赤字规模向支出预算和政策拓展。清理规范重点支出同财政收支增幅或生产总值挂钩事项，一般不采取挂钩方式。建立跨年度预算平衡机制，建立权责发生制的政府综合财务报告制度，建立规范合理的中央和地方政府债务管理及风险预警机制。

完善一般性转移支付增长机制，重点增加对革命老区、民族地区、边疆地区、贫困地区的转移支付。中央出台增支政策形成的地方财力缺口，原则上通过一般性转移支付调节。清理、整合、规范专项转移支付项目，逐步取消竞争性领域专项和地方资金配套，严格控制引导类、救济类、应急类专项，对保留专项进行甄别，属地方事务的划入一般性转移支付。

（18）**完善税收制度**。深化税收制度改革，完善地方税体系，逐步提高直接税比重。推进增值税改革，适当简化税率。调整消费税征收范围、环节、税率，把高耗能、高污染产品及部分高档消费品纳入征收范围。逐步建立综合与分类相结合的个人所得税制。加快房地产税立法并适时推进改革，加快资源税改革，推动环境保护费改税。

按照统一税制、公平税负、促进公平竞争的原则，加强对税收优惠特别是区域税收优惠政策的规范管理。税收优惠政策统一由专门税收法律法规规定，清理规范税收优惠政策。完善国税、地税征管体制。

（19）**建立事权和支出责任相适应的制度**。适度加强中央事权和支出责任，国防、外交、国家安全、关系全国统一市场规则和管理等作为中央事权；部分社会保障、跨区域重大项目建设维护等作为中央和地方共同事权，逐步理顺事权关系；区域性公共服务作为地方事权。中央和地方按照事权划分相应承担和分担支出责任。中央可通过安排转移支付将部分事权支出责任委托地方承担。对于跨区域且对其他地区影响较大的公共服务，中央通过转移支付承担一部分地方事权支出责任。

保持现有中央和地方财力格局总体稳定，结合税制改革，考虑税种属性，进一步理顺中央和地方收入划分。

六、健全城乡发展一体化体制机制

城乡二元结构是制约城乡发展一体化的主要障碍。必须健全体制机制，形成以工促农、以城带乡、工农互惠、城乡一体的新型工农城乡关系，让广大农民平等参与现代化进程、共同分享现代化成果。

（20）**加快构建新型农业经营体系**。坚持家庭经营在农业中的基础性地位，推进家庭经营、集体经营、合作经营、企业经营等共同发展的农业经营方式创新。坚持农村土地集体所有权，依法维护农民土地承包经营权，发展壮大集体经济。稳定农村土地承包关系并保持长久不变，在坚持和完善最严格的耕地保护制度前提下，赋予农民对承包地占有、使用、收益、流转及承包经营权抵押、担保权能，允许农民以承包经营权入股发展农业产业化经营。鼓励承包经营权在公开市场上向专业大户、家庭农场、农民合作社、农业企业流转，发展多种形式规模经营。

鼓励农村发展合作经济，扶持发展规模化、专业化、现代化经营，允许财政项目资金直接投向符合条件的合作社，允许财政补助形成的资产转交合作社持有和管护，允许合作社开展信用合作。鼓励和引导工商资本到农村发展适合企业化经营的现代种养业，向农业输入现代生产要素和经营模式。

（21）**赋予农民更多财产权利**。保障农民集体经济组织成员权利，积极发展农民股份合作，赋予农民对集体资产股份占有、收益、有偿退出及抵押、担保、继承权。保障农户宅基地用益物权，改革完善农村宅基地制度，选择若干试点，慎重稳妥推进农民住房财产权抵押、担保、转让，探索农民增加财产性收入渠道。建立农村产权流转交易市场，推动农村产权流转交易公开、公正、规范运行。

（22）**推进城乡要素平等交换和公共资源均衡配置**。维护农民生产要素权益，保障农民工同工同酬，保障农民公平分享土地增值收益，保障金融机构农村存款主要用于农业农村。健全农业支持保护体系，改革农业补贴制度，完善粮食主产区利益补偿机制。完善农业保险制度。鼓励社会资本投向农村建设，允许企业和社会组织在农村兴办各类事业。统筹城乡基础设施建设和社区建设，推进城乡基本公共服务均等化。

（23）**完善城镇化健康发展体制机制**。坚持走中国特色新型城镇化道路，推进以人为核心的城镇化，推动大中小城市和小城镇协调发展、产业和城镇融合发展，促进城镇化和新农村建设协调推进。优化城市空间结构和管理格局，增强城市综合承载能力。

推进城市建设管理创新。建立透明规范的城市建设投融资机制，允许地方政府通过发债等多种方式拓宽城市建设融资渠道，允许社会资本通过特许经营等方式参与城市基础设施投资和运营，研究建立城市基础设施、住宅政策性金融机构。完善设市标准，严格审批程序，对具备行政区划调整条件的县可有序改市。对吸纳人口多、经济实力强的镇，可赋予同人口和经济规模相适应的管理权。建立和完善跨区域城市发展协调机制。

推进农业转移人口市民化，逐步把符合条件的农业转移人口转为城镇居民。创新人口管理，加快户籍制度改革，全面放开建制镇和小城市落户限制，有序放开中等城市落户限制，合理确定大城市落户条件，严格控制特大城市人口规模。稳步推进城镇基本公共服务常住人口全覆盖，把进城落户农民完全纳入城镇住房和社会保障体系，在农村参加的养老保险和医疗保险规范接入城镇社保体系。建立财政转移支付同农业转移人口市民化挂钩机制，从严合理供给城市建设用地，提高城市土地利用率。

七、构建开放型经济新体制

适应经济全球化新形势，必须推动对内对外开放相互促进、引进来和走出去更好结合，促进国际国内要素有序自由流动、资源高效配置、市场深度融合，加快培育参与和引领国际经济合作竞争新优势，以开放促改革。

（24）**放宽投资准入。**统一内外资法律法规，保持外资政策稳定、透明、可预期。推进金融、教育、文化、医疗等服务业领域有序开放，放开育幼养老、建筑设计、会计审计、商贸物流、电子商务等服务业领域外资准入限制，进一步放开一般制造业。加快海关特殊监管区域整合优化。

建立中国上海自由贸易试验区是党中央在新形势下推进改革开放的重大举措，要切实建设好、管理好，为全面深化改革和扩大开放探索新途径、积累新经验。在推进现有试点基础上，选择若干具备条件地方发展自由贸易园（港）区。

扩大企业及个人对外投资，确立企业及个人对外投资主体地位，允许发挥自身优势到境外开展投资合作，允许自担风险到各国各地区自由承揽工程和劳务合作项目，允许创新方式走出去开展绿地投资、并购投资、证券投资、联合投资等。

加快同有关国家和地区商签投资协定，改革涉外投资审批体制，完善领事保护体制，提供权益保障、投资促进、风险预警等更多服务，扩大投资合作空间。

（25）**加快自由贸易区建设。**坚持世界贸易体制规则，坚持双边、多边、区域次区域开放合作，扩大同各国各地区利益汇合点，以周边为基础加快实施自由贸易区战略。改革市场准入、海关监管、检验检疫等管理体制，加快环境保护、投资保护、政府采购、电子商务等新议题谈判，形成面向全球的高标准自由贸易区网络。

扩大对香港特别行政区、澳门特别行政区和台湾地区开放合作。

（26）**扩大内陆沿边开放**。抓住全球产业重新布局机遇，推动内陆贸易、投资、技术创新协调发展。创新加工贸易模式，形成有利于推动内陆产业集群发展的体制机制。支持内陆城市增开国际客货运航线，发展多式联运，形成横贯东中西、联结南北方对外经济走廊。推动内陆同沿海沿边通关协作，实现口岸管理相关部门信息互换、监管互认、执法互助。

加快沿边开放步伐，允许沿边重点口岸、边境城市、经济合作区在人员往来、加工物流、旅游等方面实行特殊方式和政策。建立开发性金融机构，加快同周边国家和区域基础设施互联互通建设，推进丝绸之路经济带、海上丝绸之路建设，形成全方位开放新格局。

八、加强社会主义民主政治制度建设

发展社会主义民主政治，必须以保证人民当家作主为根本，坚持和完善人民代表大会制度、中国共产党领导的多党合作和政治协商制度、民族区域自治制度以及基层群众自治制度，更加注重健全民主制度、丰富民主形式，从各层次各领域扩大公民有序政治参与，充分发挥我国社会主义政治制度优越性。

（27）**推动人民代表大会制度与时俱进**。坚持人民主体地位，推进人民代表大会制度理论和实践创新，发挥人民代表大会制度的根本政治制度作用。完善中国特色社会主义法律体系，健全立法起草、论证、协调、审议机制，提高立法质量，防止地方保护和部门利益法制化。健全"一府两院"由人大产生、对人大负责、受人大监督制度。健全人大讨论、决定重大事项制度，各级政府重大决策出台前向本级人大报告。加强人大预算决算审查监督、国有资产监督职能。落实税收法定原则。加强人大常委会同人大代表的联系，充分发挥代表作用。通过建立健全代表联络机构、网络平台等形式密切代表同人民群众联系。

完善人大工作机制，通过座谈、听证、评估、公布法律草案等扩大公民有序参与立法途径，通过询问、质询、特定问题调查、备案审查等积极回应社会关切。

（28）**推进协商民主广泛多层制度化发展**。协商民主是我国社会主义民主政治的特有形式和独特优势，是党的群众路线在政治领域的重要体现。在党的领导下，以经济社会发展重大问题和涉及群众切身利益的实际问题为内容，在全社会开展广泛协商，坚持协商于决策之前和决策实施之中。

构建程序合理、环节完整的协商民主体系，拓宽国家政权机关、政协组织、党派团体、基层组织、社会组织的协商渠道。深入开展立法协商、行政协商、民主协商、参政协商、社会协商。加强中国特色新型智库建设，建立健全决策咨询制度。

发挥统一战线在协商民主中的重要作用。完善中国共产党同各民主党派的政治协商，认真听取各民主党派和无党派人士意见。中共中央根据年度工作重点提出规划，采取协商会、谈心会、座谈会等进行协商。完善民主党派中央直接向中共中央提出建议制度。贯彻党的民族政策，保障少数民族合法权益，巩固和发展平等团结互助和谐的社会主义民族关系。

发挥人民政协作为协商民主重要渠道作用。重点推进政治协商、民主监督、参政议政制度化、规范化、程序化。各级党委和政府、政协制定并组织实施协商年度工作计划，就一些重要决策听取政协意见。完善人民政协制度体系，规范协商内容、协商程序。拓展协商民主形式，更加活跃有序地组织专题协商、对口协商、界别协商、提案办理协商，增加协商密度，提高协商成效。在政协健全委员联络机构，完善委员联络制度。

（29）**发展基层民主**。畅通民主渠道，健全基层选举、议事、公开、述职、问责等机制。开展形式多样的基层民主协商，推进基层协商制度化，建立健全居民、村民监督机制，促进群众在城乡社区治理、基层公共事务和公益事业中依法自我管理、自我服务、自我教育、自我监督。健全以职工代表大会为基本形式的企事业单位民主管理制度，加强社会组织民主机制建设，保障职工参与管理和监督的民主权利。

九、推进法治中国建设

建设法治中国，必须坚持依法治国、依法执政、依法行政共同推进，坚持法治国家、法治政府、法治社会一体建设。深化司法体制改革，加快建设公正高效权威的社会主义司法制度，维护人民权益，让人民群众在每一个司法案件中都感受到公平正义。

（30）**维护宪法法律权威。**宪法是保证党和国家兴旺发达、长治久安的根本法，具有最高权威。要进一步健全宪法实施监督机制和程序，把全面贯彻实施宪法提高到一个新水平。建立健全全社会忠于、遵守、维护、运用宪法法律的制度。坚持法律面前人人平等，任何组织或者个人都不得有超越宪法法律的特权，一切违反宪法法律的行为都必须予以追究。

普遍建立法律顾问制度。完善规范性文件、重大决策合法性审查机制。建立科学的法治建设指标体系和考核标准。健全法规、规章、规范性文件备案审查制度。健全社会普法教育机制，增强全民法治观念。逐步增加有地方立法权的较大的市数量。

（31）**深化行政执法体制改革。**整合执法主体，相对集中执法权，推进综合执法，着力解决权责交叉、多头执法问题，建立权责统一、权威高效的行政执法体制。减少行政执法层级，加强食品药品、安全生产、环境保护、劳动保障、海域海岛等重点领域基层执法力量。理顺城管执法体制，提高执法和服务水平。

完善行政执法程序，规范执法自由裁量权，加强对行政执法的监督，全面落实行政执法责任制和执法经费由财政保障制度，做到严格规范公正文明执法。完善行政执法与刑事司法衔接机制。

（32）**确保依法独立公正行使审判权检察权。**改革司法管理体制，推动省以下地方法院、检察院人财物统一管理，探索建立与行政区划适当分离的司法管辖制度，保证国家法律统一正确实施。

建立符合职业特点的司法人员管理制度，健全法官、检察官、人民警察统一招录、有序交流、逐级遴选机制，完善司法人员分类管理制度，健全法官、检察官、人民警察职业保障制度。

（33）**健全司法权力运行机制**。优化司法职权配置，健全司法权力分工负责、互相配合、互相制约机制，加强和规范对司法活动的法律监督和社会监督。

改革审判委员会制度，完善主审法官、合议庭办案责任制，让审理者裁判、由裁判者负责。明确各级法院职能定位，规范上下级法院审级监督关系。

推进审判公开、检务公开，录制并保留全程庭审资料。增强法律文书说理性，推动公开法院生效裁判文书。严格规范减刑、假释、保外就医程序，强化监督制度。广泛实行人民陪审员、人民监督员制度，拓宽人民群众有序参与司法渠道。

（34）**完善人权司法保障制度**。国家尊重和保障人权。进一步规范查封、扣押、冻结、处理涉案财物的司法程序。健全错案防止、纠正、责任追究机制，严禁刑讯逼供、体罚虐待，严格实行非法证据排除规则。逐步减少适用死刑罪名。

废止劳动教养制度，完善对违法犯罪行为的惩治和矫正法律，健全社区矫正制度。

健全国家司法救助制度，完善法律援助制度。完善律师执业权利保障机制和违法违规执业惩戒制度，加强职业道德建设，发挥律师在依法维护公民和法人合法权益方面的重要作用。

十、强化权力运行制约和监督体系

坚持用制度管权管事管人，让人民监督权力，让权力在阳光下运行，是把权力关进制度笼子的根本之策。必须构建决策科学、执行坚决、监督有力的权力运行体系，健全惩治和预防腐败体系，建设廉洁政治，努力实现干部清正、政府清廉、政治清明。

（35）**形成科学有效的权力制约和协调机制**。完善党和国家领导体制，坚持民主集中制，充分发挥党的领导核心作用。规范各级党政主要领导干部职责权限，科学配置党政部门及内设机构权力和职能，明确职责定位和工作任务。

加强和改进对主要领导干部行使权力的制约和监督，加强行政监察和审计监督。

推行地方各级政府及其工作部门权力清单制度，依法公开权力运行流程。完善党务、政务和各领域办事公开制度，推进决策公开、管理公开、服务公开、结果公开。

（36）加强反腐败体制机制创新和制度保障。加强党对党风廉政建设和反腐败工作统一领导。改革党的纪律检查体制，健全反腐败领导体制和工作机制，改革和完善各级反腐败协调小组职能。

落实党风廉政建设责任制，党委负主体责任，纪委负监督责任，制定实施切实可行的责任追究制度。各级纪委要履行协助党委加强党风建设和组织协调反腐败工作的职责，加强对同级党委特别是常委会成员的监督，更好发挥党内监督专门机关作用。

推动党的纪律检查工作双重领导体制具体化、程序化、制度化，强化上级纪委对下级纪委的领导。查办腐败案件以上级纪委领导为主，线索处置和案件查办在向同级党委报告的同时必须向上级纪委报告。各级纪委书记、副书记的提名和考察以上级纪委会同组织部门为主。

全面落实中央纪委向中央一级党和国家机关派驻纪检机构，实行统一名称、统一管理。派驻机构对派出机关负责，履行监督职责。改进中央和省区市巡视制度，做到对地方、部门、企事业单位全覆盖。

健全反腐倡廉法规制度体系，完善惩治和预防腐败、防控廉政风险、防止利益冲突、领导干部报告个人有关事项、任职回避等方面法律法规，推行新提任领导干部有关事项公开制度试点。健全民主监督、法律监督、舆论监督机制，运用和规范互联网监督。

（37）健全改进作风常态化制度。围绕反对形式主义、官僚主义、享乐主义和奢靡之风，加快体制机制改革和建设。健全领导干部带头改进作风、深入基层调查研究机制，完善直接联系和服务群众制度。改革会议公文制度，从中央做起带头减少会议、文件，着力改进会风文风。健全严格的财务预算、核准和审计制度，着力控制"三公"经费支出和楼堂馆所建设。完善选人用人专项检查和责任追究制度，着力纠正跑官要官等不正之风。改革政绩考核机制，着力解决"形象工程""政绩工程"以及不作为、乱作为等问题。

规范并严格执行领导干部工作生活保障制度，不准多处占用住房和办公用房，不准超标准配备办公用房和生活用房，不准违规配备公车，不准违规配备秘书，不准超规格警卫，不准超标准进行公务接待，严肃查处违反规定超标准享受待遇等问题。探索实行官邸制。

完善并严格执行领导干部亲属经商、担任公职和社会组织职务、出国定居等相关制度规定，防止领导干部利用公共权力或自身影响为亲属和其他特定关系人谋取私利，坚决反对特权思想和作风。

十一、推进文化体制机制创新

建设社会主义文化强国，增强国家文化软实力，必须坚持社会主义先进文化前进方向，坚持中国特色社会主义文化发展道路，培育和践行社会主义核心价值观，巩固马克思主义在意识形态领域的指导地位，巩固全党全国各族人民团结奋斗的共同思想基础。坚持以人民为中心的工作导向，坚持把社会效益放在首位、社会效益和经济效益相统一，以激发全民族文化创造活力为中心环节，进一步深化文化体制改革。

（38）**完善文化管理体制。**按照政企分开、政事分开原则，推动政府部门由办文化向管文化转变，推动党政部门与其所属的文化企事业单位进一步理顺关系。建立党委和政府监管国有文化资产的管理机构，实行管人管事管资产管导向相统一。

健全坚持正确舆论导向的体制机制。健全基础管理、内容管理、行业管理以及网络违法犯罪防范和打击等工作联动机制，健全网络突发事件处置机制，形成正面引导和依法管理相结合的网络舆论工作格局。整合新闻媒体资源，推动传统媒体和新兴媒体融合发展。推动新闻发布制度化。严格新闻工作者职业资格制度，重视新型媒介运用和管理，规范传播秩序。

（39）**建立健全现代文化市场体系。**完善文化市场准入和退出机制，鼓励各类市场主体公平竞争、优胜劣汰，促进文化资源在全国范围内流动。继续推进国有经营性文化单位转企改制，加快公司制、股份制改造。对按规定转制的重要国有传媒企业探索实行特殊管理股制度。推动文化企业跨地区、跨行业、跨所有制兼并重组，提高文化产业规模化、集约化、专业化水平。

鼓励非公有制文化企业发展，降低社会资本进入门槛，允许参与对外出版、网络出版，允许以控股形式参与国有影视制作机构、文艺院团改制经营。支持各种形式小微文化企业发展。

在坚持出版权、播出权特许经营前提下，允许制作和出版、制作和播出分开。建立多层次文化产品和要素市场，鼓励金融资本、社会资本、文化资源相结合。完善文化经济政策，扩大政府文化资助和文化采购，加强版权保护。健全文化产品评价体系，改革评奖制度，推出更多文化精品。

（40）构建现代公共文化服务体系。建立公共文化服务体系建设协调机制，统筹服务设施网络建设，促进基本公共文化服务标准化、均等化。建立群众评价和反馈机制，推动文化惠民项目与群众文化需求有效对接。整合基层宣传文化、党员教育、科学普及、体育健身等设施，建设综合性文化服务中心。

明确不同文化事业单位功能定位，建立法人治理结构，完善绩效考核机制。推动公共图书馆、博物馆、文化馆、科技馆等组建理事会，吸纳有关方面代表、专业人士、各界群众参与管理。

引入竞争机制，推动公共文化服务社会化发展。鼓励社会力量、社会资本参与公共文化服务体系建设，培育文化非营利组织。

（41）提高文化开放水平。坚持政府主导、企业主体、市场运作、社会参与，扩大对外文化交流，加强国际传播能力和对外话语体系建设，推动中华文化走向世界。理顺内宣外宣体制，支持重点媒体面向国内国际发展。培育外向型文化企业，支持文化企业到境外开拓市场。鼓励社会组织、中资机构等参与孔子学院和海外文化中心建设，承担人文交流项目。

积极吸收借鉴国外一切优秀文化成果，引进有利于我国文化发展的人才、技术、经营管理经验。切实维护国家文化安全。

十二、推进社会事业改革创新

实现发展成果更多更公平惠及全体人民，必须加快社会事业改革，解决好人民最关心最直接最现实的利益问题，努力为社会提供多样化服务，更好满足人民需求。

（42）**深化教育领域综合改革**。全面贯彻党的教育方针，坚持立德树人，加强社会主义核心价值体系教育，完善中华优秀传统文化教育，形成爱学习、爱劳动、爱祖国活动的有效形式和长效机制，增强学生社会责任感、创新精神、实践能力。强化体育课和课外锻炼，促进青少年身心健康、体魄强健。改进美育教学，提高学生审美和人文素养。大力促进教育公平，健全家庭经济困难学生资助体系，构建利用信息化手段扩大优质教育资源覆盖面的有效机制，逐步缩小区域、城乡、校际差距。统筹城乡义务教育资源均衡配置，实行公办学校标准化建设和校长教师交流轮岗，不设重点学校重点班，破解择校难题，标本兼治减轻学生课业负担。加快现代职业教育体系建设，深化产教融合、校企合作，培养高素质劳动者和技能型人才。创新高校人才培养机制，促进高校办出特色争创一流。推进学前教育、特殊教育、继续教育改革发展。

推进考试招生制度改革，探索招生和考试相对分离、学生考试多次选择、学校依法自主招生、专业机构组织实施、政府宏观管理、社会参与监督的运行机制，从根本上解决一考定终身的弊端。义务教育免试就近入学，试行学区制和九年一贯对口招生。推行初高中学业水平考试和综合素质评价。加快推进职业院校分类招考或注册入学。逐步推行普通高校基于统一高考和高中学业水平考试成绩的综合评价多元录取机制。探索全国统考减少科目、不分文理科、外语等科目社会化考试一年多考。试行普通高校、高职院校、成人高校之间学分转换，拓宽终身学习通道。

深入推进管办评分离，扩大省级政府教育统筹权和学校办学自主权，完善学校内部治理结构。强化国家教育督导，委托社会组织开展教育评估监测。健全政府补贴、政府购买服务、助学贷款、基金奖励、捐资激励等制度，鼓励社会力量兴办教育。

（43）**健全促进就业创业体制机制**。建立经济发展和扩大就业的联动机制，健全政府促进就业责任制度。规范招人用人制度，消除城乡、行业、身份、性别等一切影响平等就业的制度障碍和就业歧视。完善扶持创业的优惠政策，形成政府激励创业、社会支持创业、劳动者勇于创业新机制。完善城乡均等的公共就业创业服务体系，构建劳动者终身职业培训体系。增强失业保险制度预防失业、促进就业功能，完善就业失业监测统计制度。创新劳动关系协调机制，畅通职工表达合理诉求渠道。

促进以高校毕业生为重点的青年就业和农村转移劳动力、城镇困难人员、退役军人就业。结合产业升级开发更多适合高校毕业生的就业岗位。政府购买基层公共管理和社会服务岗位更多用于吸纳高校毕业生就业。健全鼓励高校毕业生到基层工作的服务保障机制，提高公务员定向招录和事业单位优先招聘比例。实行激励高校毕业生自主创业政策，整合发展国家和省级高校毕业生就业创业基金。实施离校未就业高校毕业生就业促进计划，把未就业的纳入就业见习、技能培训等就业准备活动之中，对有特殊困难的实行全程就业服务。

（44）形成合理有序的收入分配格局。着重保护劳动所得，努力实现劳动报酬增长和劳动生产率提高同步，提高劳动报酬在初次分配中的比重。健全工资决定和正常增长机制，完善最低工资和工资支付保障制度，完善企业工资集体协商制度。改革机关事业单位工资和津贴补贴制度，完善艰苦边远地区津贴增长机制。健全资本、知识、技术、管理等由要素市场决定的报酬机制。扩展投资和租赁服务等途径，优化上市公司投资者回报机制，保护投资者尤其是中小投资者合法权益，多渠道增加居民财产性收入。

完善以税收、社会保障、转移支付为主要手段的再分配调节机制，加大税收调节力度。建立公共资源出让收益合理共享机制。完善慈善捐助减免税制度，支持慈善事业发挥扶贫济困积极作用。

规范收入分配秩序，完善收入分配调控体制机制和政策体系，建立个人收入和财产信息系统，保护合法收入，调节过高收入，清理规范隐性收入，取缔非法收入，增加低收入者收入，扩大中等收入者比重，努力缩小城乡、区域、行业收入分配差距，逐步形成橄榄型分配格局。

（45）建立更加公平可持续的社会保障制度。坚持社会统筹和个人账户相结合的基本养老保险制度，完善个人账户制度，健全多缴多得激励机制，确保参保人权益，实现基础养老金全国统筹，坚持精算平衡原则。推进机关事业单位养老保险制度改革。整合城乡居民基本养老保险制度、基本医疗保险制度。推进城乡最低生活保障制度统筹发展。建立健全合理兼顾各类人员的社会保障待遇确定和正常调整机制。完善社会保险关系转移接续政策，扩大参保缴费覆盖面，适时适当降低社会保险费率。研究制定渐进式延迟退休年龄政策。加快健全社会保障管理体制和经办服务体系。健全符合国情的住房保障和供应体系，建立公开规范的住房公积金制度，改进住房公积金提取、使用、监管机制。

健全社会保障财政投入制度，完善社会保障预算制度。加强社会保险基金投资管理和监督，推进基金市场化、多元化投资运营。制定实施免税、延期征税等优惠政策，加快发展企业年金、职业年金、商业保险，构建多层次社会保障体系。

积极应对人口老龄化，加快建立社会养老服务体系和发展老年服务产业。健全农村留守儿童、妇女、老年人关爱服务体系，健全残疾人权益保障、困境儿童分类保障制度。

（46）深化医药卫生体制改革。统筹推进医疗保障、医疗服务、公共卫生、药品供应、监管体制综合改革。深化基层医疗卫生机构综合改革，健全网络化城乡基层医疗卫生服务运行机制。加快公立医院改革，落实政府责任，建立科学的医疗绩效评价机制和适应行业特点的人才培养、人事薪酬制度。完善合理分级诊疗模式，建立社区医生和居民契约服务关系。充分利用信息化手段，促进优质医疗资源纵向流动。加强区域公共卫生服务资源整合。取消以药补医，理顺医药价格，建立科学补偿机制。改革医保支付方式，健全全民医保体系。加快健全重特大疾病医疗保险和救助制度。完善中医药事业发展政策和机制。

鼓励社会办医，优先支持举办非营利性医疗机构。社会资金可直接投向资源稀缺及满足多元需求服务领域，多种形式参与公立医院改制重组。允许医师多点执业，允许民办医疗机构纳入医保定点范围。

坚持计划生育的基本国策，启动实施一方是独生子女的夫妇可生育两个孩子的政策，逐步调整完善生育政策，促进人口长期均衡发展。

十三、创新社会治理体制

创新社会治理，必须着眼于维护最广大人民根本利益，最大限度增加和谐因素，增强社会发展活力，提高社会治理水平，全面推进平安中国建设，维护国家安全，确保人民安居乐业、社会安定有序。

（47）**改进社会治理方式。**坚持系统治理，加强党委领导，发挥政府主导作用，鼓励和支持社会各方面参与，实现政府治理和社会自我调节、居民自治良性互动。坚持依法治理，加强法治保障，运用法治思维和法治方式化解社会矛盾。坚持综合治理，强化道德约束，规范社会行为，调节利益关系，协调社会关系，解决社会问题。坚持源头治理，标本兼治、重在治本，以网格化管理、社会化服务为方向，健全基层综合服务管理平台，及时反映和协调人民群众各方面各层次利益诉求。

（48）**激发社会组织活力。**正确处理政府和社会关系，加快实施政社分开，推进社会组织明确权责、依法自治、发挥作用。适合由社会组织提供的公共服务和解决的事项，交由社会组织承担。支持和发展志愿服务组织。限期实现行业协会商会与行政机关真正脱钩，重点培育和优先发展行业协会商会类、科技类、公益慈善类、城乡社区服务类社会组织，成立时直接依法申请登记。加强对社会组织和在华境外非政府组织的管理，引导它们依法开展活动。

（49）**创新有效预防和化解社会矛盾体制。**健全重大决策社会稳定风险评估机制。建立畅通有序的诉求表达、心理干预、矛盾调处、权益保障机制，使群众问题能反映、矛盾能化解、权益有保障。

改革行政复议体制，健全行政复议案件审理机制，纠正违法或不当行政行为。完善人民调解、行政调解、司法调解联动工作体系，建立调处化解矛盾纠纷综合机制。

改革信访工作制度，实行网上受理信访制度，健全及时就地解决群众合理诉求机制。把涉法涉诉信访纳入法治轨道解决，建立涉法涉诉信访依法终结制度。

（50）**健全公共安全体系。**完善统一权威的食品药品安全监管机构，建立最严格的覆盖全过程的监管制度，建立食品原产地可追溯制度和质量标识制度，保障食品药品安全。深化安全生产管理体制改革，建立隐患排查治理体系和安全预防控制体系，遏制重特大安全事故。健全防灾减灾救灾体制。加强社会治安综合治理，创新立体化社会治安防控体系，依法严密防范和惩治各类违法犯罪活动。

坚持积极利用、科学发展、依法管理、确保安全的方针，加大依法管理网络力度，加快完善互联网管理领导体制，确保国家网络和信息安全。

设立国家安全委员会，完善国家安全体制和国家安全战略，确保国家安全。

十四、加快生态文明制度建设

建设生态文明，必须建立系统完整的生态文明制度体系，实行最严格的源头保护制度、损害赔偿制度、责任追究制度，完善环境治理和生态修复制度，用制度保护生态环境。

（51）健全自然资源资产产权制度和用途管制制度。对水流、森林、山岭、草原、荒地、滩涂等自然生态空间进行统一确权登记，形成归属清晰、权责明确、监管有效的自然资源资产产权制度。建立空间规划体系，划定生产、生活、生态空间开发管制界限，落实用途管制。健全能源、水、土地节约集约使用制度。

健全国家自然资源资产管理体制，统一行使全民所有自然资源资产所有者职责。完善自然资源监管体制，统一行使所有国土空间用途管制职责。

（52）划定生态保护红线。坚定不移实施主体功能区制度，建立国土空间开发保护制度，严格按照主体功能区定位推动发展，建立国家公园体制。建立资源环境承载能力监测预警机制，对水土资源、环境容量和海洋资源超载区域实行限制性措施。对限制开发区域和生态脆弱的国家扶贫开发工作重点县取消地区生产总值考核。

探索编制自然资源资产负债表，对领导干部实行自然资源资产离任审计。建立生态环境损害责任终身追究制。

（53）实行资源有偿使用制度和生态补偿制度。加快自然资源及其产品价格改革，全面反映市场供求、资源稀缺程度、生态环境损害成本和修复效益。坚持使用资源付费和谁污染环境、谁破坏生态谁付费原则，逐步将资源税扩展到占用各种自然生态空间。稳定和扩大退耕还林、退牧还草范围，调整严重污染和地下水严重超采区耕地用途，有序实现耕地、河湖休养生息。建立有效调节工业用地和居住用地合理比价机制，提高工业用地价格。坚持谁受益、谁补偿原则，完善对重点生态功能区的生态补偿机制，推动地区间建立横向生态补偿制度。发展环保市场，推行节能量、碳排放权、排污权、水权交易制度，建立吸引社会资本投入生态环境保护的市场化机制，推行环境污染第三方治理。

（54）**改革生态环境保护管理体制。**建立和完善严格监管所有污染物排放的环境保护管理制度，独立进行环境监管和行政执法。建立陆海统筹的生态系统保护修复和污染防治区域联动机制。健全国有林区经营管理体制，完善集体林权制度改革。及时公布环境信息，健全举报制度，加强社会监督。完善污染物排放许可制，实行企事业单位污染物排放总量控制制度。对造成生态环境损害的责任者严格实行赔偿制度，依法追究刑事责任。

十五、深化国防和军队改革

紧紧围绕建设一支听党指挥、能打胜仗、作风优良的人民军队这一党在新形势下的强军目标，着力解决制约国防和军队建设发展的突出矛盾和问题，创新发展军事理论，加强军事战略指导，完善新时期军事战略方针，构建中国特色现代军事力量体系。

（55）**深化军队体制编制调整改革。**推进领导管理体制改革，优化军委总部领导机关职能配置和机构设置，完善各军兵种领导管理体制。健全军委联合作战指挥机构和战区联合作战指挥体制，推进联合作战训练和保障体制改革。完善新型作战力量领导体制。加强信息化建设集中统管。优化武装警察部队力量结构和指挥管理体制。

优化军队规模结构，调整改善军兵种比例、官兵比例、部队与机关比例，减少非战斗机构和人员。依据不同方向安全需求和作战任务改革部队编成。加快新型作战力量建设。深化军队院校改革，健全军队院校教育、部队训练实践、军事职业教育三位一体的新型军事人才培养体系。

（56）**推进军队政策制度调整改革。**健全完善与军队职能任务需求和国家政策制度创新相适应的军事人力资源政策制度。以建立军官职业化制度为牵引，逐步形成科学规范的军队干部制度体系。健全完善文职人员制度。完善兵役制度、士官制度、退役军人安置制度改革配套政策。

健全军费管理制度，建立需求牵引规划、规划主导资源配置机制。健全完善经费物资管理标准制度体系。深化预算管理、集中收付、物资采购和军人医疗、保险、住房保障等制度改革。

健全军事法规制度体系，探索改进部队科学管理的方式方法。

（57）**推动军民融合深度发展**。在国家层面建立推动军民融合发展的统一领导、军地协调、需求对接、资源共享机制。健全国防工业体系，完善国防科技协同创新体制，改革国防科研生产管理和武器装备采购体制机制，引导优势民营企业进入军品科研生产和维修领域。改革完善依托国民教育培养军事人才的政策制度。拓展军队保障社会化领域。深化国防教育改革。健全国防动员体制机制，完善平时征用和战时动员法规制度。深化民兵预备役体制改革。调整理顺边海空防管理体制机制。

十六、加强和改善党对全面深化改革的领导

全面深化改革必须加强和改善党的领导，充分发挥党总揽全局、协调各方的领导核心作用，建设学习型、服务型、创新型的马克思主义执政党，提高党的领导水平和执政能力，确保改革取得成功。

（58）全党同志要把思想和行动统一到中央关于全面深化改革重大决策部署上来，正确处理中央和地方、全局和局部、当前和长远的关系，正确对待利益格局调整，充分发扬党内民主，坚决维护中央权威，保证政令畅通，坚定不移实现中央改革决策部署。

中央成立全面深化改革领导小组，负责改革总体设计、统筹协调、整体推进、督促落实。

各级党委要切实履行对改革的领导责任，完善科学民主决策机制，以重大问题为导向，把各项改革举措落到实处。加强各级领导班子建设，完善干部教育培训和实践锻炼制度，不断提高领导班子和领导干部推动改革能力。创新基层党建工作，健全党的基层组织体系，充分发挥基层党组织的战斗堡垒作用，引导广大党员积极投身改革事业，发扬"钉钉子"精神，抓铁有痕、踏石留印，为全面深化改革作出积极贡献。

（59）**全面深化改革，需要有力的组织保证和人才支撑。**坚持党管干部原则，深化干部人事制度改革，构建有效管用、简便易行的选人用人机制，使各方面优秀干部充分涌现。发挥党组织领导和把关作用，强化党委（党组）、分管领导和组织部门在干部选拔任用中的权重和干部考察识别的责任，改革和完善干部考核评价制度，改进竞争性选拔干部办法，改进优秀年轻干部培养选拔机制，区分实施选任制和委任制干部选拔方式，坚决纠正唯票取人、唯分取人等现象，用好各年龄段干部，真正把信念坚定、为民服务、勤政务实、敢于担当、清正廉洁的好干部选拔出来。

打破干部部门化，拓宽选人视野和渠道，加强干部跨条块跨领域交流。破除"官本位"观念，推进干部能上能下、能进能出。完善和落实领导干部问责制，完善从严管理干部队伍制度体系。深化公务员分类改革，推行公务员职务与职级并行、职级与待遇挂钩制度，加快建立专业技术类、行政执法类公务员和聘任人员管理制度。完善基层公务员录用制度，在艰苦边远地区适当降低进入门槛。

建立集聚人才体制机制，择天下英才而用之。打破体制壁垒，扫除身份障碍，让人人都有成长成才、脱颖而出的通道，让各类人才都有施展才华的广阔天地。完善党政机关、企事业单位、社会各方面人才顺畅流动的制度体系。健全人才向基层流动、向艰苦地区和岗位流动、在一线创业的激励机制。加快形成具有国际竞争力的人才制度优势，完善人才评价机制，增强人才政策开放度，广泛吸引境外优秀人才回国或来华创业发展。

（60）**人民是改革的主体，要坚持党的群众路线，建立社会参与机制，充分发挥人民群众积极性、主动性、创造性，充分发挥工会、共青团、妇联等人民团体作用，齐心协力推进改革。**鼓励地方、基层和群众大胆探索，加强重大改革试点工作，及时总结经验，宽容改革失误，加强宣传和舆论引导，为全面深化改革营造良好社会环境。

全党同志要紧密团结在以习近平同志为总书记的党中央周围，锐意进取，攻坚克难，谱写改革开放伟大事业历史新篇章，为全面建成小康社会、不断夺取中国特色社会主义新胜利、实现中华民族伟大复兴的中国梦而奋斗！

后　记

　　我在《解读中国梦——新一届中央领导集体执政大思路》（人民日报出版社
2013年3月版）的后记中这样写道："熟悉我的读者大都知道，近年来我主要从
事公共管理研究，出版的著作也大都是这方面的成果。但是，我的授学经历，从
硕士到博士阶段，所学专业都是中共党史。尽管研究领域转向公共管理，但是与
中共党史打交道久了，便与它结下了不解之缘，总是会把关注的目光投向中国共
产党。中国共产党为什么能把这样一个大国治理好？这个重大问题，不只是我们
这些具有中共党史专业背景的研究者会主动去思考，也是每一位国人甚至是世人
感兴趣的讨论话题。"中国共产党为什么能把这样一个大国治理好，一个重要的
法宝就是改革开放。因此，研究中国的公共管理，必须关注中国共产党的治国理
政思路。

　　在撰写《解读中国梦——新一届中央领导集体执政大思路》一书的过程中，
我系统梳理了新一届中央领导集体的重要讲话。在梳理中发现，新一届中央领导
集体的执政思路就是围绕如何全面深化改革这一主线展开的。因此，该书出版
后，我一直跟踪关注全面深化改革的最新动向。在关注的过程中发现，当前我国
各领域的改革都是相互关联的，很难单一突进。以社会组织管理制度改革为例，
就涉及党政部门的业务主管单位、财政、税收、工商、人力资源与社会保障等众
多部门。因此，要深入研究社会组织管理制度改革，就必须深入研究全面深化改
革。基于这样的考虑，我花了很大的精力研究了全面深化改革的问题，并撰写了
本书的初稿。

　　改革开放以来，历届三中全会研究什么议题、做出什么决定、采取什么举

措、释放什么信号，是人们判断新一届中央领导集体施政方针和工作重点的重要依据。在万众瞩目与期盼中，党的十八届三中全会胜利闭幕了。这次会议，是在我国改革开放新的重要关头召开的一次重要会议。全会通过的《中共中央关于全面深化改革若干重大问题的决定》，深刻剖析了我国改革发展稳定面临的重大理论和实践问题，阐明了全面深化改革的重大意义和未来方向，提出了全面深化改革的指导思想、目标任务、重大原则，描绘了全面深化改革的新蓝图、新愿景、新目标，合理布局了深化改革的战略重点、优先顺序、主攻方向、工作机制、推进方式和时间表、路线图，汇集了全面深化改革的新思想、新论断、新举措，形成了改革理论和政策的一系列重大突破，是我们党在新的历史起点上全面深化改革的科学指南和行动纲领。这次改革的力度，史无空前，超越了人们的预期。国家治理、政府治理、社会治理，这些原来都是公共管理领域中的词汇，进入了全面深化改革的决定之中。特别是把"完善和发展中国特色社会主义制度，推进国家治理体系和治理能力现代化"作为全面深化改革的总目标。于是，我在认真研读党的十八届三中全会的公报和《中共中央关于全面深化改革若干重大问题的决定》的基础上，参阅了专家学者们的相关解读，对书稿进行了进一步的修改。

本书在写作过程中，得到了中共中央党校、中国社会科学院、中国人民大学、国家行政学院、南京大学和一些党政机关领导的关心和帮助。李培晓、史宏、段元俊等为本书做了大量辅助工作。在此一并致谢。

这本带有"公共管理"味道的《全面深化改革十二讲》，可能更适合党政机关的党员干部阅读。因为，我们要实现国家治理体系和能力的现代化，我们要创新政府治理，我们要创新社会治理体制，都离不开公共管理。

限于时间和水平，书中难免存在不足，恳请学界同行和广大读者朋友批评指正。

石国亮

2013年11月